BESTACTIVITYBOOKS.COM

PRIMERA EDICIÓN - 2022

Ilustración Gráfica Extra: www.freepik.com
Gracias a Alekksall, Starline, Pch.vector, Rawpixel.com, Vectorpocket, Dgim-studio, Upklyak, Macrovector, Stockgiu, Pikisuperstar & Freepik.com Designers

5 CONSEJOS PARA EMPEZAR

1) CÓMO RESOLVER LAS SOPA DE LETRAS

Los rompecabezas tienen un formato clásico:

- Las palabras se ocultan sin espacios ni guiones,...
- Orientación: Las palabras pueden escribirse hacia delante, hacia atrás, hacia arriba, hacia abajo o en diagonal (pueden estar invertidas).
- Las palabras pueden superponerse o cruzarse.

2) APRENDIZAJE ACTIVO

Junto a cada palabra hay un espacio para anotar la traducción. Para fomentar un aprendizaje activo, un **DICCIONARIO** al final de esta edición te permitirá comprobar y ampliar tus conocimientos. Busca y anota las traducciones, encuéntralas en el puzzle y añádelas a tu vocabulario!

3) MARCAR LAS PALABRAS

Puedes inventar tu propio sistema de marcado. ¿Quizás ya usas uno? También puedes, por ejemplo, marcar las palabras difíciles de encontrar con una cruz, las que te gustan con una estrella, las nuevas con un triángulo, las raras con un diamante, etc.

4) ESTRUCTURAR EL APRENDIZAJE

Esta edición ofrece un **CUADERNO DE NOTAS** muy práctico al final del libro. En vacaciones, de viaje o en casa, podrás organizar fácilmente tus nuevos conocimientos sin necesidad de un segundo cuaderno!

5) ¿HABÉIS TERMINADO TODAS LAS PARRILLAS?

En las últimas páginas de este libro, en la sección **DESAFÍO FINAL**, encontrarás un juego gratis!

¡Rápido y sencillo! Echa un vistazo a nuestra colección de libros de actividades para tu próximo momento de diversión y aprendizaje, ¡a sólo un clic de distancia!

Encuentre su próximo reto en:

BestActivityBooks.com/MiProximoLibro

En sus marcas, listos, ¡Ya!

¿Sabías que hay unas 7.000 lenguas diferentes en el mundo? Las palabras son preciosas.

Nos encantan los idiomas y hemos trabajado duro para crear libros de la más alta calidad para tí. ¿Nuestros ingredientes?

Una selección de temas adecuados para el aprendizaje, tres buenas porciones de entretenimiento, y luego añadimos una cucharada de palabras difíciles y una pizca de palabras raras. Los servimos con cariño y máxima diversión para que puedas resolver los mejores juegos de palabras y te diviertas aprendiendo!

Tu opinión es esencial. Puedes participar activamente en el éxito de este libro dejándonos un comentario. Nos encantaría saber qué es lo que más le ha gustado de esta edición.

Aquí hay un enlace rápido a tu página de pedidos:

BestBooksActivity.com/Opiniones50

Gracias por tu ayuda y diviértete!

Todo el equipo

1 - Ajedrez

F	S	V	C	M	L	M	U	K	C	J	S	A	V	Þ	U
U	K	E	W	E	E	Q	U	O	Z	C	U	V	K	Y	N
E	Á	B	B	I	I	H	P	N	R	E	A	V	A	V	F
F	Þ	O	C	S	K	U	G	U	R	Q	L	Þ	L	R	E
Þ	B	C	E	T	U	O	D	N	O	P	A	G	E	V	T
A	K	K	Þ	A	R	K	Z	G	K	Þ	Ð	Q	I	U	S
T	Ð	Ð	C	R	J	U	A	U	W	B	R	P	K	H	O
Þ	Ð	K	E	I	P	V	G	R	W	A	E	U	M	Z	L
M	Ó	T	M	Æ	L	A	N	D	I	E	G	Þ	A	F	C
S	L	Ó	Z	F	L	R	I	C	M	L	Ð	X	Ð	Ó	T
R	T	M	Ð	L	A	Æ	N	D	Í	S	A	V	U	R	R
T	E	I	K	X	J	L	T	Q	T	C	U	S	R	N	M
X	Y	G	G	B	N	Ð	T	H	V	Í	T	U	R	A	R
B	Y	V	L	T	S	A	O	K	E	P	P	N	I	B	W
N	M	R	E	U	Ð	C	R	N	Y	U	D	B	F	X	P
W	B	N	B	R	R	F	D	P	J	L	P	M	C	Y	D

AÐ LÆRA
HVÍTUR
MEISTARI
KEPPNI
SKÁ
STEFNU
SNJALL
LEIKUR
LEIKMAÐUR
SVART
MÓTMÆLANDI
AÐGERÐALAUS
STIG
REGLUR
DROTTNING
KONUNGUR
FÓRN
TÍMI
MÓT

2 - Agua

Đ	Ó	L	F	M	Y	U	R	F	A	H	R	H	M	Þ	X
R	R	P	A	U	T	P	I	E	X	D	D	V	W	K	N
D	I	Đ	L	K	V	P	S	L	V	L	Í	R	C	E	N
O	G	L	P	Ö	E	G	Y	L	C	I	I	S	B	O	O
E	N	J	A	R	D	U	E	I	K	A	R	F	U	K	Y
V	I	I	Þ	Y	L	F	G	B	N	S	M	Y	Q	E	L
W	N	Þ	S	J	R	U	J	Y	W	E	M	O	K	I	F
U	G	P	P	O	P	N	B	L	F	M	D	S	I	K	B
U	U	V	A	Đ	N	D	Đ	U	C	S	Í	K	U	R	Ö
M	O	N	S	Ú	N	Y	Þ	R	R	M	D	Á	T	Ó	L
D	R	Y	K	K	J	A	R	H	Æ	F	T	V	R	J	D
F	R	O	S	T	F	O	T	J	Q	F	Q	E	U	N	U
C	D	B	Y	Q	K	F	K	L	J	D	R	I	T	S	R
A	Y	E	E	R	L	W	Y	H	B	R	W	T	S	Þ	A
E	Z	Y	J	Đ	K	S	C	B	N	J	Þ	U	F	U	G
M	I	B	K	E	E	A	V	R	X	A	D	K	P	W	R

SÍKUR
STURTU
UPPGUFUN
GEYSIR
FROST
ÍS
RAKI
FELLIBYLUR
RÖKUM
FLÓÐ

LAKE
RIGNING
MONSÚN
SNJÓR
HAF
ÖLDUR
DRYKKJARHÆFT
ÁVEITU
RIVER
GUFU

3 - Arqueología

O	A	Þ	M	K	A	S	H	F	S	Þ	R	Á	G	G	R
N	R	S	X	Y	Q	R	Đ	F	U	K	Á	Q	R	G	A
O	O	H	L	U	T	I	N	N	I	M	Đ	G	Ö	H	Q
V	S	G	R	E	I	N	I	N	G	U	G	T	F	M	X
B	S	E	J	Y	W	T	Y	M	Đ	M	Á	M	H	K	L
A	E	B	R	L	I	Đ	W	Þ	Đ	Í	T	A	D	D	R
F	F	I	I	U	Þ	L	N	N	X	T	A	T	O	O	S
K	Ó	G	N	I	N	N	E	M	Đ	I	S	Q	V	Þ	S
O	R	G	K	S	É	R	F	R	Æ	Đ	I	N	G	U	R
M	P	L	Ó	F	O	R	N	Ö	L	D	G	T	Đ	O	Đ
A	Đ	E	S	Þ	F	Þ	L	Q	H	J	Z	M	T	O	E
N	R	Y	N	Đ	E	Z	B	D	Q	G	U	A	E	T	I
D	B	M	N	K	M	K	R	R	D	J	F	F	M	Z	Y
I	P	T	A	Q	V	N	K	O	O	M	R	O	P	K	Q
T	D	V	R	D	H	U	I	T	A	T	G	Z	L	G	W
U	T	L	L	E	D	S	N	G	E	H	J	F	E	N	Đ

GREINING
FORNÖLD
ÁR
SIÐMENNING
AFKOMANDI
ÓÞEKKT
LIÐ
TÍMUM
MAT
SÉRFRÆÐINGUR
BROT
BEIN
RANNSÓKNIR
RÁÐGÁTA
HLUTI
GLEYMT
PRÓFESSOR
MINNI
TEMPLE
GRÖF

4 - Granja #2

H	L	G	P	F	Q	K	I	M	T	Þ	V	A	D	Á	D
O	I	T	E	M	N	Æ	R	G	C	Ð	D	D	M	V	R
U	J	R	U	T	A	M	D	K	D	Z	E	L	G	Ö	Á
R	Ú	Ý	Ð	R	O	F	D	M	D	C	Y	W	S	X	T
V	B	D	R	I	P	E	K	B	Y	G	G	D	Ð	T	T
E	A	Ð	Þ	Þ	R	D	I	Á	V	E	I	T	U	U	A
Z	N	R	O	K	K	B	N	P	E	K	I	D	J	R	R
P	G	G	G	Y	S	A	D	R	W	E	X	I	M	V	V
H	U	F	I	A	L	D	I	N	G	A	R	Ð	U	R	É
K	L	Ó	J	M	L	W	E	L	G	G	Ý	K	H	F	L
T	F	Ö	B	Ó	N	D	I	A	Þ	U	D	B	V	K	K
Z	Ý	V	Ð	W	K	Ð	M	M	H	E	A	Ð	E	Q	H
Y	B	H	J	U	S	Q	D	B	F	M	M	H	I	A	U
X	M	O	Ö	N	D	Y	W	B	I	W	A	W	T	X	E
N	K	W	H	Þ	O	V	Y	E	J	I	L	Q	I	W	K
C	N	Ð	Ð	W	H	P	X	M	T	G	A	P	H	U	A

BÓNDI
DÝR
BYGG
BÝFLUGNABÚ
MATUR
LAMB
ÁVÖXTUR
HLÖÐU
ALDINGARÐUR
MJÓLK
LAMADÝR
KORN
KIND
HIRÐIR
ÖND
ENGI
ÁVEITU
DRÁTTARVÉL
HVEITI
GRÆNMETI

5 - La Empresa

Þ	T	Á	J	M	H	J	L	B	F	W	X	K	I	A	F
A	E	K	V	Ö	A	M	L	P	B	N	O	U	G	D	J
L	K	V	G	G	N	I	N	N	Y	K	B	M	L	Z	Á
Þ	J	Ö	W	U	S	H	A	S	B	N	Ý	J	A	R	R
J	U	R	X	L	G	K	A	Þ	R	Ó	U	N	T	U	F
Ó	R	Ð	W	E	Æ	V	A	U	U	Þ	N	C	T	G	E
Ð	U	U	Z	I	Ð	D	Ö	P	Ð	K	G	R	Æ	E	S
L	Ð	N	G	K	I	I	I	R	A	L	F	A	H	L	T
E	A	V	N	A	I	T	A	I	U	N	I	G	Á	G	I
G	N	O	R	Ð	S	P	O	R	A	Z	D	N	T	A	N
T	Ð	D	Q	I	T	I	O	A	T	C	D	I	D	F	G
N	I	J	F	V	H	K	X	F	V	Y	G	N	N	I	E
Þ	O	L	C	N	M	S	S	M	I	V	C	I	S	R	R
M	M	Q	U	H	R	Ð	I	A	N	X	B	E	B	X	C
P	Þ	Þ	B	R	K	I	Þ	R	N	S	K	X	O	A	L
D	E	Ð	L	G	N	V	Q	F	A	M	E	B	C	Þ	M

GÆÐI
SKAPANDI
ÁKVÖRÐUN
ATVINNA
ALÞJÓÐLEGT
IÐNAÐUR
TEKJUR
NÝJAR
FJÁRFESTING
VIÐSKIPTI

MÖGULEIKA
KYNNING
VÖRU
FAGLEGUR
FRAMFARIR
AUÐLINDIR
ORÐSPOR
ÁHÆTTA
ÞRÓUN
EININGAR

6 - Aviones

Æ	F	Z	Q	T	D	O	Þ	V	J	Ð	X	Þ	D	F	Ó
B	V	H	Ö	N	N	U	N	Þ	E	X	U	Ð	Q	A	K
H	G	I	L	E	N	D	I	N	G	T	Z	B	F	R	Y
B	C	A	N	Y	N	V	M	F	N	Þ	N	Y	L	Þ	R
P	A	A	I	T	Þ	F	L	Ö	C	M	E	I	U	E	R
I	G	C	G	B	Ý	Z	W	H	S	W	B	S	G	G	Ð
J	A	Y	A	Ð	C	R	J	Á	I	C	X	U	M	I	P
C	S	R	R	N	B	S	I	P	R	Z	Þ	H	A	I	V
T	Q	T	E	L	D	S	N	E	Y	T	I	Æ	Ð	Q	T
K	E	F	E	H	I	M	I	N	N	U	P	Ð	U	I	Y
S	P	O	L	F	Z	M	I	N	R	U	F	Ú	R	K	S
I	S	L	Á	M	N	R	Ó	J	T	S	U	F	S	V	Þ
G	U	É	N	B	D	U	B	L	Ö	Ð	R	U	M	Y	T
L	S	V	O	X	O	Þ	N	G	R	E	W	V	Í	Q	G
A	T	W	U	A	H	Y	N	M	D	L	Y	M	Ð	R	V
Ð	G	B	N	B	L	K	N	C	J	B	W	E	I	H	A

LOFT
HÆÐ
LENDING
STJÓRNMÁL
ÆVINTÝRI
HIMINN
ELDSNEYTI
SMÍÐI
STEFNU
HÖNNUN
BLÖÐRU
SKRÚFUR
VETNI
SAGA
VÉL
SIGLA
FARÞEGI
FLUGMAÐUR
ÁHÖFN
ÓKYRRÐ

7 - Tipos de Cabello

S	R	N	T	F	S	W	A	T	F	Y	J	I	B	C	R
F	I	L	V	B	F	T	G	N	A	L	M	F	J	B	T
L	F	L	P	W	C	H	U	D	C	W	É	R	H	T	G
É	G	V	F	R	Á	R	G	T	N	Z	Þ	T	Y	Z	C
T	D	J	P	U	K	O	L	Y	T	R	R	G	T	Q	Q
T	U	I	N	Ð	R	K	A	K	R	U	L	L	A	U	C
U	H	Q	S	G	R	K	N	L	P	K	I	C	S	E	M
R	U	N	U	I	U	I	S	Y	E	K	G	S	K	C	O
W	O	F	E	R	Þ	Ð	A	A	R	Y	W	Z	Ö	G	E
T	N	Ú	R	B	O	Q	N	W	U	Þ	V	S	L	M	V
F	K	K	F	L	D	I	D	L	T	K	G	X	L	R	R
L	Ð	G	I	I	I	K	I	F	Í	Ð	T	L	Ó	G	K
Z	L	W	E	E	H	Á	R	S	V	Ö	R	Ð	T	Ð	W
M	Y	F	J	H	Y	F	H	M	H	T	A	E	T	C	Ð
L	J	Ó	S	H	Æ	R	Ð	U	R	G	V	O	U	D	X
Þ	U	N	N	U	R	U	K	Ú	J	M	S	Q	R	I	R

HVÍTUR
GLANSANDI
HÁRSVÖRÐ
SKÖLLÓTTUR
STUTT
ÞUNNUR
GRÁR
ÞYKKUR
LANGT
BRÚNT

SVART
SILFUR
HROKKIÐ
KRULLA
LJÓSHÆRÐUR
HEILBRIGÐUR
ÞURR
MJÚKUR
FLÉTTUM
FLÉTTUR

8 - Ciencia Ficción

R	I	I	O	I	Y	G	R	S	C	D	I	K	K	R	A
F	J	A	R	L	Æ	G	A	V	L	B	C	V	B	A	T
R	U	L	L	U	F	R	A	L	U	D	W	I	Q	U	B
B	L	E	K	K	I	N	G	Y	A	Q	C	K	M	N	U
D	F	Z	T	O	D	L	U	Ð	B	X	O	M	P	H	R
L	O	T	U	K	E	R	F	I	N	U	Y	Y	E	Æ	Ð
T	Æ	K	N	I	B	Æ	K	U	R	Q	T	N	X	F	A
Ú	T	Ó	P	Í	A	M	U	V	K	G	D	D	T	T	R
R	E	I	K	I	S	T	J	A	R	N	A	A	R	V	Á
D	K	G	T	G	E	D	V	F	E	I	Í	H	E	É	S
V	R	Y	C	C	L	T	É	R	L	G	M	Ú	M	L	F
U	N	R	M	A	I	E	F	Á	D	N	Y	S	E	M	X
B	H	E	I	M	U	R	R	B	U	E	N	M	T	E	O
C	P	M	E	Q	D	S	É	Æ	R	R	D	H	J	N	C
S	H	C	E	H	D	V	T	R	M	P	A	Q	Ð	N	S
J	Y	J	G	U	X	H	T	K	A	S	Ð	B	O	I	E

LOTUKERFINU
KVIKMYNDAHÚS
FJARLÆG
ATBURÐARÁS
SPRENGING
EXTREME
FRÁBÆR
ELDUR
GALAXY
BLEKKING
ÍMYNDAÐ
BÆKUR
DULARFULLUR
HEIMUR
VÉFRÉTT
REIKISTJARNA
RAUNHÆFT
VÉLMENNI
TÆKNI
ÚTÓPÍA

9 - Granja #1

X	E	H	W	X	Ð	L	L	H	H	C	A	J	D	J	G
Ð	L	Y	E	H	Q	K	A	K	Á	R	K	E	Þ	Y	Q
J	V	V	U	S	B	Þ	Ð	N	T	A	V	U	F	U	T
Þ	N	L	O	P	T	I	E	G	D	Ð	P	M	I	U	J
Ð	W	Þ	L	K	R	U	Ð	A	N	Ú	B	D	N	A	L
H	K	V	N	B	U	I	R	U	T	T	Ö	K	S	H	C
V	R	W	R	Q	D	O	U	F	Þ	P	N	Ð	A	U	U
U	U	Í	Ð	L	N	H	F	Þ	P	J	X	F	M	N	W
F	Ð	B	S	I	U	W	L	R	A	R	U	U	Ð	A	D
Q	R	G	A	G	H	Þ	Á	T	H	Q	C	U	W	N	F
S	U	Z	F	N	R	A	K	D	V	Þ	M	A	W	G	Q
H	B	S	R	E	A	J	K	Ý	R	N	X	S	Y	R	I
Q	Á	O	P	R	W	O	Ó	G	I	R	Ð	I	N	G	T
A	O	E	T	F	R	Æ	P	N	P	D	F	A	B	C	I
K	J	Ú	K	L	I	N	G	U	R	Q	J	W	L	Z	N
O	U	Q	Ð	R	M	I	X	U	Y	T	W	J	S	J	L

BÍ
LANDBÚNAÐUR
VATN
HRÍSGRJÓN
ASNI
HESTUR
GEIT
ENGI
KRÁKA
ÁBURÐUR
KÖTTUR
HEY
HUNANG
HUNDUR
KJÚKLINGUR
FRÆ
KÁLFUR
LAND
KÝR
GIRÐING

10 - Camping

N	D	M	R	Y	Z	C	L	F	V	Þ	X	Q	Y	Y	S
Á	Ý	Æ	V	I	N	T	Ý	R	I	F	J	A	L	L	K
T	R	F	H	K	T	Þ	K	S	Z	Þ	K	A	N	Ó	Ó
T	R	Á	A	N	A	F	C	U	K	P	P	Þ	H	L	G
Ú	R	T	T	K	V	Q	M	R	L	O	É	Đ	X	Y	U
R	Þ	T	T	O	U	T	U	N	G	L	R	A	P	C	R
A	F	A	U	R	Đ	Đ	U	M	E	T	T	D	Z	M	V
N	Đ	V	R	T	Ö	G	N	W	L	R	Q	Y	Ý	Ú	G
Q	O	I	U	S	T	M	Q	J	D	S	Z	Y	K	R	E
Þ	F	T	E	Þ	S	V	Q	X	U	I	R	I	O	I	G
Đ	F	A	Þ	V	F	T	Đ	Y	R	Z	V	O	G	G	E
V	W	Đ	K	L	E	F	A	Q	B	U	N	Đ	V	N	Đ
C	J	M	O	K	V	Đ	X	S	S	R	Đ	M	O	E	F
Đ	I	J	M	U	R	L	T	E	Þ	R	F	Q	Đ	H	D
C	G	L	Z	B	L	A	M	K	Y	Þ	T	A	I	J	B
B	Ú	N	A	Đ	U	R	Y	R	E	I	P	I	D	Đ	L

DÝR
ÆVINTÝRI
TRÉ
SKÓGUR
ÁTTAVITA
KLEFA
KANÓ
VEIÐA
REIPI
BÚNAÐUR

ELDUR
HENGIRÚM
SKORDÝR
STÖÐUVATN
LUKT
TUNGL
KORT
FJALL
NÁTTÚRAN
HATTUR

11 - Fruta

K	Ó	K	O	S	H	N	E	T	A	Y	A	P	A	P	B
K	G	N	F	G	P	Ð	R	C	Q	M	Z	S	V	N	A
Í	N	Q	E	U	O	Þ	N	B	B	O	N	Í	S	R	N
V	A	F	Y	C	X	Z	Ð	D	U	Þ	D	T	O	C	A
Í	M	H	E	V	T	J	F	M	O	Þ	Ð	R	P	Q	N
L	I	I	M	R	M	A	A	V	A	U	G	Ó	E	T	I
O	L	N	B	E	S	Q	R	P	K	G	I	N	R	E	B
E	L	D	H	B	Y	K	W	I	P	C	A	U	A	X	D
Ð	F	B	G	U	T	Ð	J	Q	N	E	M	N	E	M	V
S	C	E	U	S	H	P	T	A	U	E	L	N	Þ	P	Þ
U	C	R	B	R	E	B	N	Í	V	L	L	S	X	R	H
Q	D	J	D	I	D	J	M	E	L	Ó	N	A	Í	H	X
T	I	U	W	K	A	V	Ó	K	A	D	Ó	Q	N	N	Y
G	L	M	B	G	G	S	C	Z	C	B	Ð	K	R	B	A
A	P	R	Í	K	Ó	S	A	G	V	F	D	Þ	H	G	R
W	E	D	A	N	A	N	A	S	Y	I	H	H	V	C	Z

AVÓKADÓ
APRÍKÓSA
BER
KIRSUBER
KÓKOSHNETA
HINDBERJUM
GUAVA
KÍVÍ
SÍTRÓNU
MANGÓ

EPLI
FERSKJA
MELÓNA
APPELSÍNA
NECTARINE
PAPAYA
PERA
ANANAS
BANANI
VÍNBER

12 - Geología

N	L	A	G	S	X	I	W	Þ	U	K	S	V	J	H	E
I	N	F	E	N	I	E	T	S	Q	V	Ý	I	W	I	T
L	Y	I	Y	H	Á	D	Z	N	U	A	R	H	O	Z	K
L	S	R	E	K	Á	L	A	X	Y	R	A	N	O	B	A
E	S	A	L	T	L	L	F	A	A	S	D	I	Z	R	L
H	Q	L	S	T	S	A	E	U	X	F	O	O	M	E	S
I	K	L	P	R	S	J	T	N	N	D	L	W	P	Q	Í
C	Ó	A	V	Þ	B	F	I	K	D	N	N	R	O	F	U
D	R	T	T	D	Q	D	T	V	U	I	I	U	Q	I	M
R	A	S	F	K	J	L	C	G	O	S	H	V	E	R	K
K	L	I	N	P	B	E	A	W	B	C	I	E	E	Z	M
Y	L	R	L	T	Z	M	L	K	E	I	M	D	M	C	E
Þ	H	K	O	I	M	B	A	H	Þ	Y	O	P	E	W	X
E	Ð	H	C	R	S	E	T	I	M	G	A	L	A	T	S
Q	F	V	K	Þ	I	P	S	L	O	T	Þ	P	O	O	H
J	A	R	Ð	S	K	J	Á	L	F	T	I	Ð	Æ	V	S

SÝRA
KALSÍUM
LAG
HELLI
ÁLFUNNI
KÓRALL
KRISTALLAR
KVARS
ROF
STALACTITE
STALAGMITES
GOSHVER
HRAUN
HÁLENDI
STEINEFNI
STEINN
SALT
JARÐSKJÁLFTI
ELDFJALL
SVÆÐI

13 - Álgebra

V	O	D	L	I	E	D	P	L	F	X	S	B	R	O	T
A	V	L	A	N	F	A	J	Þ	Y	N	K	V	R	V	Ð
T	Q	E	U	L	Z	V	Q	Á	L	N	A	R	I	W	H
Y	L	M	S	X	W	W	Ð	T	K	Ú	T	Q	H	G	X
E	Á	S	N	L	Þ	B	A	T	I	M	E	Z	Q	V	A
R	M	M	A	G	N	Q	O	U	F	E	B	K	L	E	Ó
B	A	L	Ú	M	R	O	F	R	G	R	A	I	N	L	E
B	D	N	Y	M	R	A	G	N	I	R	Ý	K	S	D	N
E	N	A	G	G	E	L	Í	N	U	L	E	G	S	I	D
S	A	U	H	T	C	I	Y	Q	B	E	J	Þ	J	S	A
L	V	B	T	G	T	F	N	V	Z	M	A	A	U	V	N
Ð	N	Ú	L	L	A	H	F	F	J	I	N	I	G	Í	L
W	I	J	N	C	S	H	V	N	A	D	H	V	C	S	E
F	R	Á	D	R	Á	T	T	U	R	L	Z	O	R	I	G
S	W	K	E	A	N	T	T	Z	N	G	D	N	Ð	R	A
L	A	R	P	F	Y	P	W	H	E	N	Y	A	Z	J	X

MAGN
NÚLL
SKÝRINGARMYND
DEILD
JAFNA
VELDISVÍSIR
ÞÁTTUR
RANGT
FORMÚLA
BROT
ÓENDANLEGA
LÍNULEG
FYLKI
NÚMER
SVIGA
VANDAMÁL
FRÁDRÁTTUR
EINFALDA
LAUSN
BREYTA

14 - Plantas

O	C	D	S	Q	D	K	N	C	O	L	I	U	T	X	S
N	N	V	J	W	Z	R	B	A	U	N	Þ	A	P	Þ	Á
W	Đ	R	B	Q	Y	Ó	U	J	A	Q	A	M	H	U	B
M	Ó	L	B	E	É	N	B	A	M	B	U	S	U	G	U
O	S	A	T	I	R	U	G	Ó	K	S	H	Đ	W	R	R
S	X	U	Q	E	T	B	K	Đ	Đ	R	Đ	I	G	Y	Đ
S	Þ	F	Þ	W	N	L	R	Z	T	C	X	E	R	Đ	U
G	R	B	L	M	F	A	D	B	P	Q	D	B	A	C	R
H	N	G	S	M	W	Đ	T	U	J	O	F	C	S	P	U
H	H	K	J	X	L	D	U	O	A	X	G	Y	C	Y	Đ
U	L	A	E	F	A	W	R	Þ	W	H	P	L	C	K	R
F	A	K	Đ	K	U	P	Đ	I	G	X	M	V	F	B	A
N	I	T	Ó	R	U	Đ	Ó	R	G	K	A	Z	L	U	G
I	Q	U	G	R	A	S	A	F	R	Æ	Đ	I	O	S	S
E	V	S	Y	K	Q	K	E	Q	Y	F	D	O	R	H	N
V	G	Y	L	N	V	G	D	Z	N	E	G	Z	A	S	M

BUSH
TRÉ
BAMBUS
BER
SKÓGUR
GRASAFRÆÐI
KAKTUS
ÁBURÐUR
BLÓM
FLORA

SM
BAUN
IVY
GRAS
LAUF
GARÐUR
MOSS
KRÓNUBLAÐ
RÓT
GRÓÐUR

15 - Suministros de Arte

M	Þ	E	P	B	R	I	T	I	L	S	N	T	A	V	Z
Á	M	Y	N	D	A	V	É	L	E	X	M	Đ	K	U	E
L	L	I	T	I	L	X	R	I	I	K	J	Đ	R	O	B
N	B	C	N	I	S	J	T	K	R	L	C	O	Ý	U	L
I	R	L	C	S	Æ	O	G	H	U	S	H	R	L	L	O
N	I	H	E	Z	L	Đ	R	Þ	Đ	S	K	Ö	P	U	N
G	T	F	V	K	G	R	I	M	E	W	N	K	I	J	B
U	I	S	E	X	X	A	D	Þ	L	G	J	S	C	K	S
O	L	Í	A	V	A	T	N	W	K	C	D	R	W	E	F
Z	L	S	Y	H	S	N	Y	T	O	B	L	L	G	K	N
Q	E	F	T	L	D	A	M	U	R	Þ	E	Í	T	G	U
F	T	L	A	Ó	E	Ý	G	L	T	Í	X	M	O	B	O
G	S	A	V	O	L	L	U	D	S	R	P	F	M	Z	N
R	A	T	S	R	U	B	H	R	E	T	D	P	R	G	J
Y	P	V	E	N	K	C	M	P	V	D	A	I	A	W	E
Z	Þ	B	G	X	C	X	R	M	Z	M	E	I	S	P	A

OLÍA
AKRÝL
VATNSLITIR
VATN
LEIR
STROKLEÐUR
GLÆSLA
MYNDAVÉL
BURSTAR
LITI

SKÖPUN
HUGMYNDIR
BLÝANTAR
BORÐ
PAPPÍR
PASTELLITIR
LÍM
MÁLNINGU
STÓL
BLEK

16 - Negocio

N	Z	R	P	H	S	T	O	I	X	I	H	F	S	V	H
Q	O	T	E	Þ	A	V	U	K	S	T	Đ	J	T	A	D
D	W	O	K	J	F	G	S	Æ	X	P	Z	Á	A	R	F
X	B	Đ	Y	D	J	V	F	T	Z	I	G	R	R	N	W
K	O	N	P	S	Á	Q	R	R	K	K	B	F	F	I	V
O	U	A	H	A	R	I	A	I	Æ	S	M	E	S	N	E
S	A	K	X	R	M	P	T	R	J	Đ	N	S	M	G	R
T	W	S	L	V	Á	E	S	Y	X	I	I	T	A	I	K
N	T	G	F	Ó	L	U	J	F	B	V	A	I	Đ	Þ	S
A	D	F	P	K	F	B	Z	V	P	M	R	N	U	U	M
Đ	F	E	R	I	L	S	N	H	P	Y	A	G	R	D	I
U	D	D	S	Þ	M	A	F	S	L	Á	T	T	U	R	Đ
R	O	O	Y	S	B	Y	O	R	C	Đ	T	S	M	S	J
B	Ú	Đ	N	H	G	K	N	G	A	Y	A	Ö	P	U	U
P	E	N	I	N	G	A	R	T	P	T	K	L	E	Þ	T
S	K	R	I	F	S	T	O	F	A	S	S	U	G	X	X

FERIL
KOSTNAÐUR
AFSLÁTTUR
PENINGAR
HAGFRÆÐI
STARFSMAÐUR
FYRIRTÆKI
VERKSMIÐJU
FJÁRMÁL
SKATTAR
FJÁRFESTING
VARNINGI
MYNT
SKRIFSTOFA
STARFSFÓLK
BÚÐ
STARF
VIÐSKIPTI
SÖLU

17 - Jardín

T	M	O	O	Y	T	C	K	Q	A	G	Đ	U	L	Đ	J
J	Đ	M	C	S	M	O	Q	J	L	A	Q	S	U	V	A
Ö	Þ	U	M	E	D	O	Q	L	D	R	B	F	R	Q	R
R	Þ	X	D	Þ	O	V	K	R	I	Đ	R	U	X	Z	Đ
N	H	G	O	R	G	J	Þ	A	N	U	O	S	S	B	V
H	R	Í	F	A	A	N	M	Þ	G	R	G	T	O	H	E
S	L	Ö	N	G	U	N	A	R	A	Ú	R	E	Z	O	G
H	E	N	G	I	R	Ú	M	L	R	K	A	I	F	Z	U
Þ	W	Í	H	S	U	M	G	L	Đ	S	S	N	D	B	R
V	C	L	K	E	K	G	X	U	U	L	F	A	F	Y	T
O	A	Ó	O	R	K	N	V	T	R	Í	L	R	T	Þ	Q
O	Þ	P	E	G	E	I	R	E	É	B	Ö	F	F	O	J
G	D	M	Ó	L	B	Đ	C	J	R	D	T	K	D	L	V
O	W	A	B	L	G	R	A	S	T	Ö	Q	N	E	B	R
T	C	R	T	I	L	I	Þ	S	O	V	N	I	U	U	J
D	B	T	K	T	F	G	G	H	B	D	K	D	I	E	B

BUSH
TRÉ
BEKKUR
GRASFLÖT
TJÖRN
BLÓM
BÍLSKÚR
HENGIRÚM
GRAS
ALDINGARÐUR
GARÐUR
ILLGRESI
SLÖNGUNA
MOKA
HRÍFA
STEINAR
JARÐVEGUR
VERÖND
TRAMPÓLÍN
GIRÐING

18 - Países #2

D	N	A	L	S	S	Ú	R	D	U	B	N	I	N	A	L
N	A	P	A	J	A	L	B	A	N	Í	A	C	D	U	W
A	N	N	G	R	I	K	K	L	A	N	D	Z	D	S	Z
L	Í	A	M	Y	G	P	I	K	D	C	Ú	P	Q	T	N
K	A	T	V	Ö	I	N	D	Ó	N	E	S	Í	A	U	D
K	R	S	L	T	R	P	Þ	K	A	C	Þ	O	Í	R	H
A	K	I	A	A	N	K	O	Í	G	M	J	U	P	R	H
R	Ú	K	G	L	O	I	T	X	Ú	V	Í	N	Ó	Í	N
F	Q	A	Ú	I	Z	S	K	E	Đ	P	R	I	Í	K	O
R	D	P	T	Y	E	W	H	M	T	Y	L	E	Þ	I	D
U	K	F	R	L	X	F	Y	E	W	Đ	A	G	E	I	P
P	Þ	V	O	R	M	J	G	D	N	P	N	V	A	Þ	T
V	A	T	P	J	Q	Þ	Þ	M	V	L	D	H	J	A	G
W	B	B	Đ	V	Þ	Á	S	T	R	A	L	Í	A	Q	Y
Q	S	Ý	R	L	A	N	D	J	A	M	A	Í	K	A	A
O	E	B	V	D	D	U	T	K	D	Y	V	Þ	I	U	E

ALBANÍA
ÁSTRALÍA
AUSTURRÍKI
DANMÖRK
EÞÍÓPÍA
FRAKKLAND
GRIKKLAND
INDÓNESÍA
ÍRLAND
JAMAÍKA
JAPAN
LAOS
MEXÍKÓ
PAKISTAN
PORTÚGAL
RÚSSLAND
SÝRLAND
SÚDAN
ÚKRAÍNA
ÚGANDA

19 - Números

F	S	F	X	W	E	L	O	B	Þ	N	S	Þ	Đ	W	L
I	N	V	O	A	B	S	E	X	M	Í	E	Y	U	G	U
M	Đ	X	K	Z	Á	K	C	T	Y	T	X	A	F	E	X
M	T	E	E	Þ	G	T	N	F	B	J	T	F	Q	B	C
T	A	T	T	Á	P	Ö	J	S	X	Á	Á	J	F	X	P
Á	B	U	E	Q	H	C	W	Á	V	N	N	Ó	J	G	K
N	J	Í	K	L	F	Q	L	K	N	W	Đ	R	Ó	N	E
Þ	X	N	S	A	W	V	X	T	H	W	B	T	R	S	Þ
L	R	W	H	K	S	Đ	N	Ó	H	Đ	M	Á	I	A	Đ
D	Í	E	Q	N	B	T	T	L	L	V	L	N	R	U	B
J	R	B	T	O	Y	L	A	F	T	V	E	I	R	T	L
V	Þ	J	O	T	A	R	V	F	N	Ú	L	L	W	J	N
T	Í	U	A	I	Á	N	O	M	H	F	I	M	M	Á	Þ
K	C	Y	V	Þ	H	N	P	P	B	L	O	C	N	N	G
Z	P	E	Q	U	Đ	W	Y	W	A	Đ	L	B	C	P	I
P	U	K	I	T	U	T	T	U	G	U	K	C	J	Y	B

FJÓRTÁN
NÚLL
FIMM
FJÓRIR
AUKASTAF
NÍTJÁN
ÁTJÁN
SEXTÁN
SAUTJÁN
TÍU

TÓLF
TVEIR
NÍU
ÁTTA
FIMMTÁN
SEX
SJÖ
ÞRETTÁN
ÞRÍR
TUTTUGU

20 - Física

V	R	S	X	C	A	I	Ð	Æ	R	F	L	É	V	Ð	A
L	D	J	Y	U	T	N	L	N	A	Ð	O	R	R	B	F
T	P	K	Þ	N	Ó	Ð	C	Y	F	P	O	F	L	M	S
C	Ð	G	N	Y	M	Í	W	N	E	Y	S	C	Y	B	T
I	N	F	E	O	W	T	T	Ð	I	Ö	T	U	Z	L	Æ
E	I	O	G	A	S	I	N	X	N	G	E	F	H	U	Ð
U	K	R	O	N	R	A	J	K	D	N	D	H	P	S	I
T	I	M	E	C	F	T	F	H	I	G	V	L	A	E	A
K	E	Ú	A	M	W	J	F	E	S	T	F	V	I	G	X
K	L	L	P	L	F	A	R	A	D	G	N	Y	Þ	U	H
X	T	A	Q	É	H	H	R	A	Ð	A	G	L	K	L	R
R	T	T	H	V	H	L	Q	A	V	Y	O	G	H	M	Ö
L	É	O	B	X	Þ	Z	I	S	S	E	M	P	T	A	Ð
W	Þ	K	W	L	L	E	X	Ð	O	I	Z	Y	K	G	U
S	A	M	E	I	N	D	V	S	A	M	J	K	P	N	N
W	V	W	F	Þ	P	U	Ð	S	J	R	Ð	W	X	T	E

HRÖÐUN
ATÓM
ROÐA
ÞÉTTLEIKI
RAFEIND
FORMÚLA
TÍÐNI
GAS
ÞYNGDARAFL
SEGULMAGN
MESSI
VÉLFRÆÐI
SAMEIND
VÉL
KJARNORKU
ÖGN
EFNI
AFSTÆÐI
ALHLIÐA
HRAÐA

21 - Belleza

N	X	Y	T	J	S	V	I	W	A	H	G	F	B	K	C
L	I	T	U	R	P	P	A	L	L	I	E	H	X	K	B
S	B	K	O	U	E	F	X	R	A	I	T	N	X	P	G
N	C	Y	Þ	M	G	Ó	P	M	A	J	S	Á	Ð	X	L
Y	Þ	L	E	L	I	Ð	R	A	F	L	H	Ð	A	Þ	Æ
R	X	J	G	I	L	W	H	I	T	S	I	L	Í	T	S
T	X	P	Ó	L	L	T	Ð	Ð	H	Ú	Ð	T	A	G	I
I	U	C	C	N	Æ	S	K	Æ	R	I	I	M	U	A	L
V	K	W	M	H	U	S	F	A	L	L	V	A	M	R	E
Ö	O	L	Í	U	R	S	I	M	I	G	N	S	P	A	G
R	M	O	N	X	Q	P	T	L	W	R	Y	K	M	G	U
U	V	S	G	W	X	X	D	A	E	K	Q	A	W	Z	R
R	U	H	A	H	H	D	A	N	P	I	K	R	U	J	J
K	R	U	L	L	A	R	P	T	H	H	K	A	Z	Ð	O
L	J	Ó	S	M	Y	N	D	I	N	A	B	I	L	V	D
D	G	J	K	V	B	M	M	N	B	G	S	A	L	B	D

OLÍUR
LYKT
SJAMPÓ
LITUR
SNYRTIVÖRUR
GLÆSILEIKI
GLÆSILEGUR
HEILLA
SPEGILL
STÍLISTI
LJÓSMYNDIN
ILMUR
NÁÐ
FARÐI
HÚÐ
VARALITUR
KRULLA
MASKARA
ÞJÓNUSTA
SKÆRI

22 - Países #1

H	P	L	M	A	L	Í	K	K	L	Í	B	Ý	A	A	Z
R	O	D	A	V	K	E	Y	C	N	U	H	P	Í	R	P
O	S	N	U	D	N	A	L	N	N	I	F	N	G	G	E
M	U	Þ	D	W	V	D	Í	T	A	L	Í	A	L	E	G
A	A	X	Đ	Ú	P	A	N	A	M	A	N	S	E	N	Y
C	O	R	A	P	R	N	V	V	V	N	O	P	B	T	P
O	T	N	O	Đ	Đ	A	Q	Y	L	B	R	Á	J	Í	T
V	S	Q	Þ	K	I	K	S	I	L	Y	E	N	O	N	A
Z	O	A	V	D	K	N	O	X	Đ	J	G	N	A	A	L
F	C	X	N	U	Đ	Ó	D	Q	L	U	U	J	M	Đ	A
B	R	A	S	I	L	Í	A	L	I	T	R	T	O	Đ	N
Þ	Ý	S	K	A	L	A	N	D	A	M	M	N	B	O	D
N	Í	K	A	R	A	G	V	A	D	N	A	L	L	Ó	P
V	E	N	E	S	Ú	E	L	A	R	J	D	V	T	X	B
Þ	M	H	V	F	Đ	C	C	M	C	C	U	X	L	C	M
D	Þ	B	K	X	F	G	S	C	R	G	X	O	Y	K	H

ÞÝSKALAND
ARGENTÍNA
BELGÍA
BRASILÍA
KANADA
EKVADOR
EGYPTALAND
SPÁNN
FINNLAND
HONDÚRAS
INDLAND
ÍTALÍA
LÍBÝA
MALÍ
MAROKKÓ
NÍKARAGVA
NOREGUR
PANAMA
PÓLLAND
VENESÚELA

23 - Mitología

N	P	P	H	L	R	K	Q	F	O	K	H	T	D	S	V
Z	S	A	G	A	S	Đ	Ó	J	Þ	F	E	S	A	K	I
O	O	K	T	S	Đ	A	J	W	R	W	G	K	U	E	Đ
U	E	I	N	E	T	J	Q	X	Y	A	Đ	Ö	Đ	P	H
Q	W	E	P	Y	T	E	K	R	A	C	U	P	L	N	O
V	Ö	L	U	N	D	A	R	H	Ú	S	N	U	E	A	R
G	F	Đ	U	V	G	B	Q	T	Đ	D	D	N	G	P	F
A	W	U	H	J	F	Þ	H	I	M	N	A	R	Í	K	I
N	W	A	E	B	Y	D	R	Q	Þ	Z	Y	D	G	J	E
M	T	D	T	Þ	X	W	F	U	O	U	A	H	P	T	T
Þ	E	Ó	J	Ö	F	U	N	D	M	Q	P	Ö	F	C	A
F	T	D	A	M	N	E	D	F	R	U	K	R	Y	T	S
S	T	R	Í	Đ	S	M	A	Đ	U	R	R	M	W	U	H
S	K	R	Í	M	S	L	I	R	T	F	C	U	C	Đ	P
M	E	N	N	I	N	G	N	I	D	L	E	N	X	M	A
H	E	F	N	D	D	V	X	J	Y	H	P	G	G	X	A

ARKETYPE
ÖFUND
HIMNARÍKI
HEGĐUN
SKÖPUN
VIĐHORF
SKEPNA
MENNING
HÖRMUNG
STYRKUR
STRÍĐSMAĐUR
HETJA
ÓDAUĐLEIKA
VÖLUNDARHÚS
ÞJÓĐSAGA
SKRÍMSLI
DAUĐLEG
ELDING
ÞRUMUR
HEFND

24 - Casa

H	E	Þ	Z	Z	M	M	B	A	H	X	E	F	B	Z	V
T	G	G	E	V	D	V	Í	Ð	R	U	T	S	Ú	K	Y
C	Ó	B	B	Y	S	Y	L	C	R	I	R	G	I	W	W
P	L	H	E	N	A	Y	S	N	E	G	N	Ð	G	G	G
L	F	A	U	C	U	N	K	A	Þ	G	F	N	R	M	I
F	M	C	S	Z	H	T	Ú	K	Ð	U	A	H	E	N	L
O	O	X	N	K	Q	X	R	R	D	L	S	Á	B	C	G
E	T	U	Ð	N	H	O	Þ	U	U	G	A	A	R	Ð	N
L	T	F	Þ	N	I	M	D	Ð	T	N	K	L	E	Þ	I
D	A	K	J	A	L	L	A	R	I	S	Ó	O	H	Æ	Ð
H	E	T	O	R	H	F	D	A	Z	A	B	F	N	Ð	R
Ú	R	V	L	B	B	O	A	G	T	D	F	T	F	P	I
S	C	Þ	A	S	P	E	G	I	L	L	J	I	E	Q	G
W	Ð	Q	M	Ð	J	E	F	R	Q	P	E	N	V	I	L
W	A	S	P	N	Z	Q	E	Z	E	O	W	U	S	O	Z
S	A	M	I	F	Y	D	L	D	Ð	G	L	M	J	U	U

GÓLFMOTTA
HÁALOFTINU
BÓKASAFN
ARINN
ELDHÚS
SVEFNHERBERGI
STURTU
KÚSTUR
SPEGILL
BÍLSKÚR
BRANN
GARÐUR
LAMPI
VEGG
HÆÐ
HURÐ
KJALLARI
ÞAK
GIRÐING
GLUGGI

25 - Artes Visuales

J	I	K	H	X	G	U	W	P	K	K	A	L	E	B	C
C	Đ	Z	U	G	N	I	N	T	E	S	M	A	S	Q	U
S	K	R	Á	N	I	N	G	U	R	N	L	M	D	L	D
S	Z	U	F	Z	P	Z	D	H	A	P	P	H	Þ	N	Y
J	U	T	Í	R	K	J	S	X	M	V	P	Y	W	S	W
Ó	D	N	Y	M	K	I	V	K	I	T	F	X	I	P	X
N	L	A	L	S	Æ	L	G	T	K	L	E	I	R	O	L
A	I	Ý	M	A	R	K	I	T	E	K	T	Ú	R	R	J
R	S	L	Á	H	W	L	P	H	Y	K	V	Þ	C	T	Ó
H	T	B	L	C	U	S	Đ	F	Ö	I	A	S	K	R	S
O	A	K	V	H	A	M	P	F	M	G	X	Þ	Q	E	M
R	M	L	E	L	Þ	B	I	N	H	Y	G	L	A	T	Y
N	A	D	R	J	D	Z	L	S	Y	W	M	M	T	E	N
I	Đ	A	K	P	E	N	N	I	H	D	I	L	Y	H	D
B	U	D	S	Þ	Y	O	B	R	Y	Z	L	K	X	N	S
R	R	M	E	I	S	T	A	R	A	V	E	R	K	F	D

LEIR
ARKITEKTÚR
LISTAMAÐUR
LAKK
GLÆSLA
VAX
KERAMIK
SAMSETNINGU
SKRÁNINGU
HÖGGMYND
LJÓSMYND
BLÝANTUR
MEISTARAVERK
KVIKMYND
SJÓNARHORNI
MÁLVERK
PENNI
PORTRET
KRÍT

26 - Salud y Bienestar #2

D	I	I	U	H	S	T	M	G	N	I	T	L	E	M	O
I	Q	R	X	B	I	A	R	A	U	H	C	Q	K	K	F
Ð	Ð	Ó	L	B	U	S	G	R	T	I	K	U	Z	W	N
Æ	C	Æ	Þ	I	S	S	X	N	I	A	I	F	D	N	Æ
R	S	T	R	E	I	T	U	G	M	H	R	B	G	U	M
F	S	Ú	H	A	R	K	Ú	J	S	K	S	L	N	D	I
A	H	Z	U	L	T	B	Ð	T	J	V	C	U	Y	D	J
Ð	R	T	Z	Q	Z	A	Z	S	B	S	J	V	Þ	S	M
F	E	O	A	Y	R	U	M	Ó	D	K	Ú	J	S	S	T
R	I	G	A	H	E	I	L	B	R	I	G	Ð	U	R	W
E	N	N	N	Í	M	A	T	Í	V	E	T	M	P	E	S
Z	L	I	Ð	Æ	R	F	A	R	Æ	F	F	Í	L	G	S
G	Æ	R	M	E	O	O	Þ	C	X	D	J	Ð	C	Ð	R
P	T	Æ	I	U	A	Q	L	S	U	X	T	T	O	J	C
O	I	N	S	Q	Q	P	Z	A	E	L	D	R	D	F	L
N	L	M	I	A	U	F	O	R	K	A	T	A	B	Ð	L

OFNÆMI
LÍFFÆRAFRÆÐI
MATARLYST
KALORÍA
MATARÆÐI
MELTING
ORKA
SJÚKDÓMUR
STREITU
ERFÐAFRÆÐI
HREINLÆTI
SJÚKRAHÚS
SMITUN
NUDD
NÆRING
ÞYNGD
BATA
HEILBRIGÐUR
BLÓÐ
VÍTAMÍN

27 - Selva Tropical

S	F	S	A	M	F	É	L	A	G	P	A	X	V	E	L
P	R	A	F	R	U	Ð	E	V	O	Y	T	Q	Y	K	K
E	U	F	F	Ý	K	Y	B	F	U	Þ	H	M	E	C	W
N	M	R	K	D	J	U	L	S	I	E	V	Ð	R	A	V
D	B	U	C	R	R	N	A	F	Þ	J	A	A	Ý	E	F
Ý	Y	M	E	O	Y	Á	C	Q	F	Z	R	M	D	N	J
R	G	S	S	K	Ý	T	I	P	L	O	F	O	K	D	Ö
A	G	K	B	S	Ð	T	N	H	T	G	O	S	S	U	L
L	J	Ó	A	P	V	Ú	A	X	C	E	I	S	O	R	B
G	A	G	C	P	R	R	T	M	B	Þ	B	D	R	R	R
U	D	U	N	K	X	A	O	P	A	B	G	Þ	F	E	E
F	D	R	Y	I	I	N	B	T	E	G	U	N	D	I	Y
N	X	W	R	Q	Ð	D	Ý	R	M	Æ	T	U	R	S	T
P	H	A	W	T	I	R	O	C	C	Ð	D	C	O	N	N
L	I	F	U	N	A	J	I	Z	Þ	E	A	K	Y	S	I
J	V	B	W	G	Ð	O	T	V	J	Q	Y	N	F	E	H

FROSKDÝR
BOTANICAL
VEÐURFAR
SAMFÉLAG
FJÖLBREYTNI
TEGUND
FRUMBYGGJA
SKORDÝR
SPENDÝR
MOSS
NÁTTÚRAN
SKÝ
FUGLAR
VARÐVEISLU
ATHVARF
VIRÐING
ENDURREISN
FRUMSKÓGUR
LIFUN
DÝRMÆTUR

28 - Adjetivos #1

F	H	Æ	G	T	R	Ö	J	B	E	B	U	G	R	R	E
M	E	T	N	A	Ð	A	R	L	E	G	T	H	H	W	M
A	D	I	R	U	G	E	L	R	A	Ð	I	E	H	H	I
L	Ý	I	D	N	A	M	L	I	Q	E	C	F	Q	L	K
V	R	I	T	G	G	R	Í	Ð	A	R	S	T	Ó	R	I
A	M	H	C	U	K	W	Ó	S	K	J	G	B	H	X	L
R	Æ	K	V	R	I	W	F	T	A	B	Y	K	X	K	V
L	T	F	U	E	N	F	V	V	S	K	K	D	V	T	Æ
E	U	Y	U	G	V	I	R	K	U	R	L	Þ	P	Ð	G
G	R	A	D	L	U	P	H	X	G	Y	V	A	Y	O	T
T	V	M	M	A	Z	P	R	R	O	F	W	G	U	B	P
S	Q	K	R	Í	K	Þ	J	Ð	S	A	E	F	J	S	N
Q	Ö	R	L	Á	T	U	R	Þ	U	N	G	T	P	V	G
I	U	Y	X	Z	F	Ú	M	Y	R	K	U	R	N	B	W
K	O	Z	B	N	I	D	N	A	Ð	A	L	Ð	A	S	Þ
N	O	F	U	L	L	K	O	M	I	N	N	A	Þ	H	X

ALGER
VIRKUR
METNAÐARLEGT
ILMANDI
AÐLAÐANDI
BJÖRT
GRÍÐARSTÓR
ÖRLÁTUR
STÓR
HEIÐARLEGUR
MIKILVÆGT
SAKLAUS
UNGUR
HÆGT
NÚTÍMA
MYRKUR
FULLKOMINN
ÞUNGT
ALVARLEGT
DÝRMÆTUR

29 - Familia

B	N	S	F	C	B	Þ	D	R	J	V	F	V	Q	D	B
L	G	N	L	U	Ö	H	W	H	B	R	Ó	Đ	I	R	A
B	X	D	M	R	R	A	R	U	B	Í	V	T	S	U	R
J	W	R	O	Đ	N	S	Đ	F	R	Æ	N	D	I	Đ	N
B	I	N	G	A	R	F	Y	N	N	Đ	T	K	D	A	A
F	A	J	H	J	A	A	Đ	S	V	K	N	A	Ó	M	B
R	H	R	V	G	B	Đ	Z	Đ	T	H	B	A	T	N	A
Æ	M	E	N	H	F	I	T	L	F	I	F	A	T	I	R
N	Ó	W	C	Æ	A	R	A	W	C	Þ	R	F	I	G	N
K	Đ	A	E	A	S	Z	M	M	M	Z	Þ	N	R	I	B
A	I	P	Đ	I	F	K	M	Ó	S	F	W	O	H	E	S
W	R	X	B	U	Z	U	A	Y	Đ	S	M	Z	I	Đ	D
F	O	R	F	A	Đ	I	R	F	K	U	F	Đ	V	C	V
O	G	T	U	W	W	D	V	S	T	M	R	K	S	J	P
S	E	I	G	I	N	K	O	N	A	Y	F	Z	B	O	L
E	N	P	D	X	H	L	O	H	Q	W	M	P	H	U	N

AMMA
AFI
FORFAÐIR
EIGINKONA
TVÍBURAR
SYSTIR
BRÓÐIR
DÓTTIR
BARNÆSKA
MÓÐIR
EIGINMAÐUR
MÓÐUR
BARNABARN
BARN
BÖRN
FAÐIR
INGAR
FRÆNDI
FRÆNKA

30 - Disciplinas Científicas

L	V	F	F	Q	N	G	M	Z	D	V	S	I	G	V	S
Í	A	P	É	G	R	A	S	A	F	R	Æ	Ð	I	É	T
F	A	L	L	N	E	C	A	J	Q	S	F	Æ	D	L	E
F	I	Í	A	Z	Æ	S	Ð	O	B	T	T	R	N	F	I
Æ	Ð	F	G	I	Y	R	W	H	G	J	V	F	I	R	N
R	Æ	E	S	Ð	S	B	I	C	J	Ö	A	S	S	Æ	D
A	R	F	F	Æ	D	C	C	N	F	R	R	I	Í	Ð	A
F	F	N	R	R	K	G	H	W	G	N	M	M	V	I	F
R	S	A	Æ	F	X	Z	R	N	L	U	A	Æ	L	Ð	R
Æ	I	F	Ð	A	N	A	Q	Z	U	F	F	N	Á	Æ	Æ
Ð	L	R	I	N	P	H	Z	L	M	R	R	Ó	M	R	Ð
I	Ð	Æ	R	F	T	S	I	V	K	Æ	Æ	H	E	F	I
O	E	Ð	I	E	I	S	V	O	D	Ð	Ð	S	X	Ð	D
Z	F	I	Ð	Æ	R	F	L	Á	S	I	I	U	R	R	E
L	Í	F	F	R	Æ	Ð	I	J	I	F	A	Þ	Y	A	F
H	L	T	A	U	G	A	F	R	Æ	Ð	I	U	S	J	Y

LÍFFÆRAFRÆÐI
STJÖRNUFRÆÐI
LÍFFRÆÐI
LÍFEFNAFRÆÐI
GRASAFRÆÐI
VISTFRÆÐI
LÍFEÐLISFRÆÐI
JARÐFRÆÐI
ÓNÆMISFRÆÐI
MÁLVÍSINDI
VÉLFRÆÐI
STEINDAFRÆÐI
TAUGAFRÆÐI
NÆRING
SÁLFRÆÐI
EFNAFRÆÐI
FÉLAGSFRÆÐI
VARMAFRÆÐI

31 - Cocina

O	D	S	K	A	Đ	B	O	R	Đ	A	N	J	E	G	P
Y	H	K	P	Ö	Z	A	P	X	G	L	X	I	F	L	I
D	X	E	S	R	N	R	U	P	A	L	D	E	F	D	N
G	Z	I	O	V	W	N	P	I	I	O	A	D	R	L	N
Đ	Þ	Đ	T	Y	A	O	U	I	K	B	M	I	Y	F	A
N	C	A	B	X	S	M	K	E	T	I	L	L	S	R	R
T	V	R	M	A	P	X	P	A	U	S	A	S	T	S	K
W	Z	U	T	N	U	V	S	U	R	I	D	K	I	S	C
I	U	T	F	F	O	R	K	S	R	F	O	Á	J	E	A
B	W	A	I	A	C	V	I	W	J	F	F	L	T	R	Y
B	N	M	R	A	Þ	F	F	B	U	P	B	L	O	V	T
S	B	Y	K	Í	S	S	K	Á	P	U	R	I	J	Í	A
H	Z	E	S	H	N	Í	F	A	U	D	I	R	G	E	Q
N	E	Đ	P	Þ	Y	O	X	A	B	L	A	G	Đ	T	Y
E	W	V	P	I	U	F	U	Z	N	K	M	Đ	D	T	P
W	J	F	U	X	W	N	A	R	B	X	L	A	L	A	C

KETILL
AÐ BORÐA
MATUR
FRYSTI
SKEIÐAR
AUSA
HNÍFA
SVUNTU
KRYDD
SVAMPUR

OFN
KÖNNU
PINNAR
GRILL
UPPSKRIFT
ÍSSKÁPUR
SERVÍETTA
BOLLA
SKÁL
FORKS

32 - Moda

M	R	E	I	M	A	S	T	Í	L	M	A	Á	E	Ú	S
Æ	Æ	U	T	Z	D	L	V	S	B	I	Ð	F	I	T	T
V	F	L	F	M	R	H	W	Q	F	V	R	E	N	S	E
K	B	Y	I	T	R	L	G	A	H	Y	O	R	F	A	F
G	K	T	G	N	X	F	Þ	B	N	Z	Y	Ð	A	U	N
A	Q	F	R	U	G	E	L	I	S	Æ	L	G	L	M	A
H	Þ	F	Æ	Y	Ð	A	N	T	A	F	D	V	T	U	U
X	L	C	V	E	Z	A	R	U	T	S	G	Æ	L	R	G
D	I	T	G	E	L	N	I	G	I	R	O	V	C	Q	B
Z	Ý	Þ	Ó	R	T	Ð	K	D	K	G	H	P	T	Þ	O
P	D	R	H	N	A	P	P	A	N	R	C	L	L	I	U
L	F	Y	R	W	M	O	J	J	A	U	P	C	J	V	T
C	X	S	D	L	Í	E	K	E	S	J	K	A	K	U	I
H	A	G	N	Ý	T	L	F	M	Y	N	S	T	U	R	Q
N	D	T	S	M	Ú	C	D	N	I	L	R	E	E	J	U
C	Ð	B	Z	E	N	L	P	Y	I	E	Y	H	Z	H	E

HAGKVÆM
ÚTSAUMUR
HNAPPA
BOUTIQUE
DÝR
GLÆSILEGUR
REIMA
STÍL
MÆLINGAR
LÆGSTUR
NÚTÍMA
HÓGVÆR
ORIGINLEGT
MYNSTUR
HAGNÝT
FATNAÐ
EINFALT
EFNI
STEFNA
ÁFERÐ

33 - Electricidad

R	Í	V	J	P	R	A	V	N	Ó	J	S	N	E	T	Þ
U	A	Y	H	Á	F	A	Ð	A	L	H	F	A	R	Q	G
Ð	G	F	U	F	K	U	F	X	Ð	P	A	Q	H	M	N
A	E	U	A	Ð	Z	V	X	M	Z	D	F	L	G	J	W
N	Y	F	X	L	G	S	Æ	M	A	Z	O	F	I	L	S
Ú	M	K	K	E	L	S	X	T	U	G	H	L	U	T	I
B	S	I	F	B	M	G	V	T	T	C	N	Q	R	I	Þ
B	L	K	Þ	A	K	M	E	F	M	V	O	S	Ð	O	A
E	A	R	Þ	K	A	U	K	K	Í	P	C	E	K	X	U
I	N	N	S	T	U	N	G	A	N	E	C	N	F	Q	S
L	E	Y	S	I	R	Z	U	M	U	R	E	J	I	L	E
S	E	G	U	L	L	M	K	B	S	U	D	S	I	E	Ð
E	I	S	Ð	Q	Ð	O	Z	L	A	M	P	I	M	Í	S
T	R	A	F	V	I	R	K	I	M	U	A	K	A	Ð	T
F	Þ	L	X	F	H	Z	R	V	J	W	J	V	G	E	H
C	I	L	E	G	K	T	U	Y	P	X	H	N	N	X	H

GEYMSLA
RAFHLAÐA
PERU
KABEL
VÍR
MAGN
RAFVIRKI
RAFMAGNS
INNSTUNGA
BÚNAÐUR
RAFALL
SEGULL
LAMPI
LEYSIR
MÍNUS
HLUTI
JÁKVÆTT
NET
SJÓNVARP
SÍMI

34 - Salud y Bienestar #1

G	C	F	Æ	Ð	U	B	Ó	T	A	R	E	F	N	I	L
B	Y	A	P	Ó	T	E	K	Þ	S	K	W	B	D	A	E
Q	J	J	L	Ð	O	C	J	Þ	N	V	W	O	P	O	D
L	T	N	Y	U	R	B	U	V	U	I	H	Æ	Ð	J	O
K	P	E	F	K	B	L	C	D	Ð	R	E	F	Ð	E	M
M	V	V	X	V	N	Ð	V	T	Ú	K	Q	B	Ð	P	W
H	S	P	I	B	I	H	E	E	H	U	X	R	R	J	H
K	L	Þ	S	Q	E	K	I	T	L	R	A	G	U	A	T
T	Ö	V	T	K	B	Þ	R	Z	O	U	M	W	W	V	F
L	K	Ð	I	U	W	Q	A	X	L	G	T	A	Y	Ð	D
H	U	B	X	Ð	I	D	F	I	Æ	N	J	Ð	E	Ö	R
N	N	Z	H	I	B	S	X	P	K	U	Ó	Þ	J	V	H
D	H	N	G	O	Y	R	S	J	N	H	Q	M	A	Y	L
Þ	R	D	M	I	Ð	E	A	B	I	K	F	U	R	Y	M
M	E	I	Ð	S	L	U	M	G	R	Ð	J	C	H	O	Z
B	A	K	T	E	R	Í	U	R	Ð	L	Y	E	I	W	H

VIRKUR
HÆÐ
BAKTERÍUR
LÆKNIR
APÓTEK
BEINBROT
HUNGUR
VENJA
HORMÓN
BEIN
MEIÐSLUM
LYF
VÖÐVA
TAUGAR
HÚÐ
VIÐBRAGÐ
SLÖKUN
FÆÐUBÓTAREFNI
MEÐFERÐ
VEIRA

35 - Adjetivos #2

V	Q	I	D	N	A	S	Ý	L	B	N	F	G	Á	S	D
Q	S	J	Z	R	U	T	L	A	S	Ý	R	L	H	K	S
X	K	E	Q	U	A	V	A	Z	D	T	Æ	Æ	U	A	I
Q	D	E	K	T	H	M	K	B	Z	T	G	S	G	P	H
X	U	J	O	Æ	R	Ð	A	E	P	L	U	I	A	A	E
C	N	W	N	H	R	Q	S	T	R	J	R	L	V	N	I
U	T	Ð	I	O	W	Þ	T	F	Í	Z	G	E	E	D	L
Á	B	Y	R	G	U	R	O	Þ	E	S	Þ	G	R	I	B
F	C	S	U	F	Q	U	L	Y	R	R	K	U	T	Þ	R
P	B	C	Z	J	S	D	T	X	L	E	S	R	Q	S	I
M	D	I	N	S	Y	Þ	U	O	X	A	Y	K	I	R	G
S	T	E	R	K	U	R	R	U	Þ	Þ	U	T	U	V	Ð
N	Á	T	T	Ú	R	U	L	E	G	T	F	M	T	R	U
A	F	K	A	S	T	A	M	I	K	I	L	L	L	U	R
E	Ð	L	I	L	E	G	T	Ð	J	O	S	N	H	S	R
B	T	V	S	T	E	R	K	A	N	G	E	K	J	I	I

ÞREYTTUR
ÆTUR
SKAPANDI
LÝSANDI
DRAMATÍSK
GLÆSILEGUR
FRÆGUR
FERSKUR
STERKUR
ÁHUGAVERT
NÁTTÚRULEGT
EÐLILEGT
NÝTT
STOLTUR
STERKAN
AFKASTAMIKILL
ÁBYRGUR
SALTUR
HEILBRIGÐUR
ÞURR

36 - Cuerpo Humano

T	L	R	Q	X	Z	J	S	N	P	Y	Đ	T	C	Đ	Q
B	U	D	O	V	Þ	Z	I	Q	B	H	V	A	L	E	E
C	F	R	L	S	M	R	I	T	K	L	A	B	S	T	P
Z	B	É	N	H	A	U	G	A	T	R	A	J	H	I	G
W	L	B	B	Z	G	A	J	D	T	K	H	Z	Q	W	X
M	P	Y	O	R	N	H	Ö	Q	X	Þ	H	E	S	D	T
A	Y	Þ	G	I	U	D	Đ	X	H	Ú	Đ	Đ	W	M	O
N	F	K	A	P	T	B	Đ	Q	L	F	Ó	T	U	R	E
D	Q	I	L	I	E	H	W	O	K	U	E	E	K	U	Y
L	Q	K	N	S	R	C	M	K	Þ	T	K	N	Ö	N	R
I	D	S	C	G	V	C	H	S	I	W	P	F	H	N	A
T	Z	D	Y	Y	U	Q	Ö	A	K	Z	Q	O	U	U	L
H	Á	L	S	T	C	R	N	R	Đ	S	J	Z	G	M	K
Q	K	J	T	F	P	T	D	C	J	I	D	C	X	D	K
W	E	S	G	Q	T	G	J	K	X	H	L	J	U	O	Ö
Þ	H	B	L	Ó	Đ	U	F	Ö	H	J	R	M	O	L	B

HÖKU
MUNNUR
HÖFUÐ
ANDLIT
HEILI
OLNBOGA
HJARTA
HÁLS
FINGUR
ÖXL
TUNGA
HÖND
NEF
AUGA
EYRA
HÚÐ
FÓTUR
HNÉ
BLÓÐ
ÖKKLA

37 - Calentamiento Global

L	H	Q	X	G	S	L	F	X	T	O	Đ	Q	V	B	T
Ö	E	G	B	H	O	K	N	C	D	Y	T	N	Í	B	Þ
G	A	F	L	E	I	Đ	I	N	G	A	R	F	S	M	S
G	N	A	I	V	Z	L	O	O	O	T	S	Y	I	J	F
J	Ú	N	X	X	U	F	G	C	V	Q	C	Y	N	Þ	S
Ö	N	U	L	D	Đ	E	I	A	Þ	Q	N	X	D	O	E
F	A	Ó	W	X	B	T	T	O	Þ	Đ	W	Y	A	R	Y
K	N	R	Ó	J	T	S	S	I	K	Í	R	U	M	K	F
Y	R	Þ	K	U	O	Þ	A	E	G	T	I	M	A	A	V
R	U	E	X	T	U	D	T	G	Y	M	Đ	H	Đ	P	E
A	Đ	L	P	D	Í	R	I	Ö	G	A	Ó	V	U	D	Đ
L	A	D	G	P	H	S	H	G	G	R	L	E	R	H	U
E	N	C	Z	C	A	Í	K	N	A	F	S	R	S	R	R
A	Đ	W	A	Z	R	Q	B	U	S	Q	N	F	F	G	F
V	I	L	G	Y	H	T	A	Ú	R	B	Y	I	U	R	A
A	L	Þ	J	Ó	Đ	L	E	G	A	L	K	S	M	Þ	R

NÚNA
UMHVERFIS
ATHYGLI
ARKTÍSKUR
VÍSINDAMAÐUR
VEÐURFAR
AFLEIÐINGAR
KREPPA
GÖGN
ÞRÓUN
ORKA
FRAMTÍÐ
GAS
KYNSLÓÐIR
RÍKISSTJÓRN
IÐNAÐUR
ALÞJÓÐLEG
LÖGGJÖF
ÍBÚA
HITASTIG

38 - Restaurante #2

B	R	T	C	Q	R	P	D	L	Z	I	E	C	D	K	Þ
H	R	H	R	U	T	T	É	R	R	O	F	B	R	V	J
P	D	Þ	U	I	M	V	Z	L	T	L	A	S	Y	Ö	A
G	Ð	F	Ð	D	Y	W	A	Q	M	J	X	Ú	K	L	E
X	C	D	R	R	V	E	X	T	Ð	Ú	E	P	K	D	F
I	O	Á	E	S	M	Z	S	J	N	F	S	A	U	M	T
V	I	X	V	Q	H	B	L	A	F	F	A	G	R	A	K
T	X	G	S	Ö	D	M	W	M	G	E	L	Þ	Y	T	C
O	Y	H	I	H	X	S	T	Ó	L	N	A	T	R	U	F
C	Ð	B	G	G	E	T	Þ	B	Ð	G	T	S	K	R	Þ
Þ	Ð	I	E	K	S	E	U	J	O	U	L	W	S	P	Z
X	S	A	D	D	Y	R	K	R	Ó	R	O	W	P	F	Ð
B	O	K	Á	F	I	S	K	U	R	N	K	A	K	A	F
U	B	U	H	C	Þ	J	G	L	M	H	N	Y	R	E	F
G	R	Æ	N	M	E	T	I	T	I	B	J	F	M	R	U
Y	Q	Q	Ð	Þ	Í	S	N	Y	S	V	D	E	D	R	Z

VATN
HÁDEGISVERÐUR
FORRÉTTUR
DRYKKUR
ÞJÓNN
KVÖLDMATUR
SKEIÐ
LJÚFFENGUR
SALAT
KRYDD
ÁVÖXTUR
ÍS
EGG
KAKA
FISKUR
SALT
STÓL
SÚPA
GAFFAL
GRÆNMETI

39 - Profesiones #1

V	V	K	R	B	R	U	Đ	A	M	Ó	J	S	V	J	A
Í	E	L	U	A	I	I	N	D	Y	Q	U	Đ	É	C	Đ
S	I	Æ	G	N	P	L	T	T	S	P	G	T	L	C	A
I	Đ	Đ	N	K	I	Y	Ö	S	K	C	M	U	V	S	A
N	I	S	I	A	R	F	R	G	T	K	D	Z	I	Á	Þ
D	M	K	Đ	S	G	Þ	Z	P	M	J	L	Z	R	L	J
A	A	E	Æ	T	T	P	N	V	R	A	Ó	Y	K	F	Á
M	Đ	R	R	J	R	S	O	Đ	M	Đ	Đ	R	I	R	L
A	U	I	F	Ó	A	Đ	L	A	Z	Q	N	U	I	Æ	F
Đ	R	V	Đ	R	K	U	U	W	N	V	U	V	R	Đ	A
U	S	E	R	I	S	D	A	N	S	A	R	I	D	I	R
R	P	Í	A	N	Ó	L	E	I	K	A	R	I	S	N	I
U	G	Q	J	S	E	N	D	I	H	E	R	R	A	G	Y
E	N	D	U	R	S	K	O	Đ	A	N	D	I	P	U	L
L	I	S	T	A	M	A	Đ	U	R	V	M	T	O	R	Þ
R	A	Y	Z	M	V	K	O	L	Æ	K	N	I	R	K	L

LÖGMAÐUR
LISTAMAÐUR
DANSARI
BANKASTJÓRI
VEIÐIMAÐUR
VÍSINDAMAÐUR
ENDURSKOÐANDI
LÆKNIR
RITSTJÓRI
SENDIHERRA
ÞJÁLFARI
JARÐFRÆÐINGUR
SKARTGRIPIR
SJÓMAÐUR
VÉLVIRKI
PÍANÓLEIKARI
SÁLFRÆÐINGUR
KLÆÐSKERI

40 - Vehículos

Þ	B	F	J	L	K	Y	C	P	W	D	C	T	S	Þ	I
R	I	Þ	V	B	F	O	Þ	W	U	I	F	B	R	E	N
U	T	Ú	R	O	Đ	O	U	Þ	R	W	V	Y	D	Þ	K
T	S	D	D	C	F	Z	Đ	P	U	G	X	D	T	M	Þ
Á	E	W	V	Þ	U	D	D	X	N	U	B	E	B	A	Y
B	L	U	U	H	D	R	Á	T	T	A	R	V	É	L	R
F	C	Z	Z	K	P	H	E	W	P	L	V	Đ	S	T	L
A	R	U	T	Á	B	B	Í	L	L	F	Þ	H	F	U	A
K	K	E	D	S	M	M	P	A	M	D	I	D	F	K	Þ
E	A	Y	I	K	Y	W	Ó	B	F	L	X	Đ	J	S	K
A	Þ	L	X	Đ	K	V	C	T	H	E	F	L	E	K	I
J	Þ	J	A	C	H	V	O	M	O	H	F	S	Đ	Y	Z
T	Đ	U	T	O	A	J	R	E	F	R	K	A	Þ	Z	W
U	F	S	N	G	T	F	Ó	V	Ö	R	U	B	Í	L	L
H	J	Ó	L	H	Ý	S	I	L	É	V	G	U	L	F	T
T	S	J	Ú	K	R	A	B	Í	L	L	E	N	V	H	Z

SJÚKRABÍLL
RÚTU
FLUGVÉL
FLEKI
BÁTUR
REIÐHJÓL
VÖRUBÍLL
HJÓLHÝSI
BÍLL
ELDFLAUG

FERJA
VAN
ÞYRLA
SKUTLA
MÓTOR
DEKK
KAFBÁTUR
TAXI
DRÁTTARVÉL
LEST

41 - Geometría

H	J	Ð	K	M	V	P	R	X	B	E	O	Z	X	K	S
D	R	U	G	N	I	N	R	Y	H	Í	R	Þ	H	E	V
N	X	Y	F	K	N	Ð	P	M	M	E	S	S	I	N	Í
D	Q	Z	C	E	F	H	G	R	C	L	Þ	T	Ð	N	D
M	Y	D	F	V	R	G	Æ	I	A	U	I	T	W	I	D
Q	V	Q	U	X	Z	I	G	Ð	L	K	F	É	Þ	N	G
L	P	H	O	R	N	C	L	O	T	D	I	R	Ú	G	Þ
Y	F	I	R	B	O	R	Ð	L	O	D	I	Á	T	S	V
Þ	C	Ð	E	O	H	L	U	T	F	A	L	L	R	A	E
R	P	Æ	M	D	C	Z	Þ	N	A	N	Ð	S	E	M	R
R	Þ	R	Ú	S	D	Z	M	I	P	F	G	B	I	H	M
C	V	F	N	H	L	U	T	I	Þ	A	C	C	K	L	Á
G	X	K	L	Ó	Ð	R	É	T	T	J	O	S	N	I	L
L	T	Ö	E	R	R	Q	J	N	W	Z	X	W	I	Ð	E
D	I	R	H	Z	H	M	T	F	B	Þ	T	R	N	A	W
S	A	M	H	V	E	R	F	U	I	W	Y	Z	G	D	C

HÆÐ
HORN
ÚTREIKNING
FERILL
ÞVERMÁL
VÍDD
JAFNA
LÁRÉTT
RÖKFRÆÐI
MESSI
MIÐGILDI
NÚMER
SAMHLIÐA
HLUTFALL
HLUTI
SAMHVERFU
YFIRBORÐ
KENNING
ÞRÍHYRNINGUR
LÓÐRÉTT

42 - Matemáticas

Q	Q	A	Đ	I	L	H	M	A	S	G	L	K	B	Q	T
Þ	R	Í	H	Y	R	N	I	N	G	U	R	H	Y	J	U
R	U	U	Y	H	A	P	I	A	Þ	F	Í	I	O	Đ	X
É	L	M	B	I	Đ	R	K	U	V	R	Q	D	M	R	S
T	Ö	M	Z	S	A	G	Ú	K	E	E	D	N	A	B	N
T	T	Á	B	U	J	T	L	A	R	V	V	I	R	R	E
H	L	L	G	R	Đ	T	A	S	M	H	L	B	G	I	M
Y	C	P	P	U	O	X	N	T	Á	M	Þ	N	O	S	Z
R	C	J	Y	G	F	T	F	A	L	A	W	Z	L	Í	U
N	B	O	N	N	E	D	A	F	Q	S	I	Z	A	V	F
I	V	A	V	I	Y	C	J	K	V	N	L	L	Đ	S	Q
N	W	I	E	N	Đ	N	A	V	U	A	X	R	Í	I	F
G	I	Đ	Æ	R	F	M	Ú	R	J	M	G	Þ	L	D	H
U	Q	B	Y	E	A	Q	I	F	G	Þ	Y	R	Á	L	B
R	T	D	N	F	D	I	P	Þ	D	Q	N	K	J	E	Q
M	A	R	G	H	Y	R	N	I	N	G	D	F	H	V	X

TÖLUR
HORN
UMMÁL
FERNINGUR
AUKASTAF
ÞVERMÁL
JAFNA
KÚLA
VELDISVÍSIR
BROT
RÚMFRÆÐI
SAMHLIÐA
HJÁLÍÐALOGRAM
JAÐAR
MARGHYRNING
RADÍUS
RÉTTHYRNINGUR
SAMHVERFU
ÞRÍHYRNINGUR
BINDI

43 - Senderismo

Ú	Y	S	L	K	J	F	W	F	P	U	W	P	Y	G	Y
T	Ð	Z	T	V	Þ	C	J	Y	P	H	K	W	T	C	C
J	W	E	G	Í	D	L	S	A	H	G	M	T	O	J	M
Æ	P	Þ	N	C	G	U	U	Q	L	G	A	R	Ð	U	R
Ð	S	X	U	D	I	V	X	H	Ð	L	I	O	U	S	U
A	K	C	Þ	L	D	Y	É	W	M	V	I	K	Þ	T	T
F	U	N	D	I	N	U	M	L	E	E	T	H	T	E	T
V	N	N	N	E	M	U	G	Ö	S	Ð	I	E	L	I	Y
Z	A	J	D	B	F	V	R	S	K	U	Þ	R	O	N	E
J	D	T	M	H	X	K	A	Ó	W	R	T	S	C	A	R
Ð	P	X	N	M	U	H	J	L	E	F	P	K	Ð	R	Þ
H	L	V	I	L	L	T	B	A	F	A	S	O	M	F	Y
V	S	H	B	Þ	J	N	G	W	T	R	U	H	Z	Q	A
U	N	D	I	R	B	Ú	N	I	N	G	U	R	Q	D	A
M	O	S	K	Í	T	Ó	F	L	U	G	U	R	M	Ý	R
K	Ð	P	D	Y	O	N	Á	T	T	Ú	R	A	N	R	M

BJARG
VATN
DÝR
STÍGVÉL
ÚTJÆÐA
ÞREYTTUR
VEÐURFAR
FUNDINUM
LEIÐSÖGUMENN
KORT
FJALL
MOSKÍTÓFLUGUR
NÁTTÚRAN
GARÐUR
ÞUNGT
STEINAR
UNDIRBÚNINGUR
VILLT
SÓL

44 - Naturaleza

Q	U	J	Z	I	P	P	H	S	V	Y	X	N	Y	E	Z
Z	I	F	M	S	D	M	N	N	V	S	F	L	U	Y	A
F	T	Z	A	K	O	Þ	I	V	Y	V	F	A	I	Đ	R
Đ	M	R	F	Ý	H	U	T	V	B	B	C	P	C	I	K
Q	C	R	O	H	Z	S	E	R	E	N	E	P	S	M	T
F	B	U	U	P	B	T	G	E	L	F	Í	L	A	Ö	Í
V	L	G	R	V	I	D	D	V	Z	V	X	S	Đ	R	S
Q	I	U	P	P	Z	C	I	I	Þ	W	N	J	Þ	K	K
O	X	L	F	Þ	Þ	K	A	R	U	G	Ó	K	S	F	U
I	C	F	L	R	D	Ý	R	L	K	V	I	K	G	Z	R
G	H	Ý	L	T	I	I	K	E	Y	R	O	F	B	Y	O
B	I	B	T	Y	V	Đ	R	U	G	E	F	N	P	Z	F
Þ	P	U	M	V	L	P	S	M	Đ	E	B	Q	K	Đ	S
J	Ö	K	U	L	L	Þ	S	Æ	T	U	X	P	N	T	G
D	Z	B	U	K	Þ	W	W	I	L	Ó	J	K	S	T	O
H	E	L	G	I	D	Ó	M	U	R	T	A	W	V	S	G

BÝFLUGUR
DÝR
ARKTÍSKUR
FEGURÐ
SKÓGUR
EYÐIMÖRK
KVIK
ROF
SM
JÖKULL
ÞOKA
SKÝ
FRIÐSÆLT
SKJÓL
RIVER
VILLT
HELGIDÓMUR
SERENE
TROPICAL
LÍFLEGT

45 - Conduciendo

Ö	G	Z	Đ	D	W	N	R	Y	G	G	X	Þ	T	K	P
R	R	U	S	M	E	R	B	F	X	I	G	W	W	L	W
J	U	Y	Þ	M	L	G	T	U	N	K	R	J	F	B	F
H	G	C	G	P	K	A	T	A	G	U	X	R	F	Đ	Y
G	N	Q	C	G	T	S	Y	L	S	M	T	Ú	Đ	R	H
K	Ö	J	Y	U	I	L	S	E	T	F	J	K	O	G	H
Q	G	N	M	B	M	Ö	I	T	Y	E	N	S	D	L	E
P	M	F	G	Í	Ó	G	Đ	D	W	R	D	L	H	W	V
D	A	J	W	L	T	R	A	M	N	Đ	D	Í	Æ	K	Ö
Đ	S	Đ	M	L	O	E	R	E	X	A	N	B	T	A	R
K	O	R	T	Q	R	G	H	G	Þ	V	G	X	T	U	U
V	A	O	E	J	H	L	L	E	Y	F	I	N	A	U	B
C	G	T	D	Þ	J	A	C	C	Đ	W	Þ	Đ	A	O	Í
X	D	Ó	B	O	Ó	N	S	E	T	Z	X	H	U	G	L
Đ	S	M	M	F	L	P	O	E	H	F	K	Z	A	S	L
Q	P	G	M	S	R	Q	D	I	R	P	A	Đ	I	N	P

SLYS
GATA
VÖRUBÍLL
BÍLL
ELDSNEYTI
BREMSUR
BÍLSKÚR
GAS
LEYFI
KORT
MÓTORHJÓL
MÓTOR
GANGANDI
HÆTTA
LÖGREGLAN
ÖRYGGI
SAMGÖNGUR
UMFERÐ
GÖNG
HRAÐI

46 - Ballet

T	T	A	K	T	U	R	L	Á	T	B	R	A	G	Đ	T
S	I	T	Ó	N	S	K	Á	L	D	S	Z	N	Z	K	Q
T	N	G	N	I	F	Æ	N	Đ	X	Þ	T	X	R	Y	L
Y	F	L	N	W	W	Þ	L	W	H	W	B	Í	Q	R	H
R	Æ	Ó	N	A	N	Í	R	E	L	L	A	B	L	O	L
K	H	F	Æ	V	R	A	R	A	S	N	A	D	S	T	J
L	M	A	R	Đ	Á	L	Z	C	A	B	T	B	Þ	Ó	Ó
E	L	K	T	Ö	H	H	E	X	D	E	R	K	Y	N	M
I	E	L	S	V	O	F	W	G	Þ	J	B	L	C	L	S
K	M	A	I	J	R	Q	Þ	Þ	T	D	R	R	T	I	V
I	F	P	L	L	F	A	R	G	Ó	E	R	Ó	K	S	E
N	M	P	G	W	E	F	A	C	V	G	R	Đ	N	T	I
C	Đ	M	H	I	N	K	Æ	T	Đ	K	I	Đ	U	D	T
S	Ó	L	Ó	V	D	S	V	I	P	M	I	K	I	L	L
Q	G	Đ	I	Z	U	R	E	B	J	P	G	Z	J	O	P
A	H	M	B	Z	R	O	K	I	I	D	M	V	O	W	K

TIGNARLEGT
LÓFAKLAPP
LISTRÆNN
ÁHORFENDUR
BALLERÍNA
DANSARAR
TÓNSKÁLD
KÓREÓGRAF
ÆFING
STÍL
SVIPMIKILL
LÁTBRAGÐ
HÆFNI
STYRKLEIKI
VÖÐVA
TÓNLIST
HLJÓMSVEIT
TAKTUR
SÓLÓ
TÆKNI

47 - Fuerza y Gravedad

M	T	L	Z	Y	Z	E	H	Þ	H	F	Þ	T	S	D	K
N	N	N	Þ	V	Y	B	R	R	R	I	A	Y	T	L	B
A	Ú	K	Y	S	B	Z	E	Ý	A	Ð	U	Ð	N	Ð	B
V	Z	N	K	Y	S	W	Y	S	Ð	W	Z	Ð	G	G	Ð
A	J	Ð	I	M	J	T	F	T	I	X	R	V	A	Æ	D
J	L	R	V	N	F	U	I	I	M	Í	T	E	M	L	T
N	H	Æ	K	G	G	A	N	N	W	X	D	J	L	R	X
V	L	T	G	P	Q	R	G	G	V	C	T	M	U	A	K
T	K	S	L	F	X	B	R	U	É	V	W	A	G	J	Q
T	K	E	W	K	U	R	I	R	L	D	X	J	E	F	R
K	N	Ð	R	W	D	O	Þ	G	F	E	W	Q	S	F	K
E	L	O	G	E	E	P	L	Z	R	I	N	G	I	E	G
L	V	Þ	F	Y	Á	S	D	I	Æ	X	R	D	M	K	V
R	S	T	Æ	K	K	U	N	A	Ð	I	L	H	L	A	Z
U	P	P	G	Ö	T	V	U	N	I	Ð	G	Q	Á	U	A
E	Ð	L	I	S	F	R	Æ	Ð	I	M	Z	Z	A	S	J

MIÐJA
UPPGÖTVUN
KVIK
FJARLÆGÐ
ÁS
STÆKKUN
EÐLISFRÆÐI
NÚNING
ÁHRIF
SEGULMAGN
STÆRÐ
VÉLFRÆÐI
HREYFING
SPORBRAUT
ÞYNGD
ÞRÝSTINGUR
EIGNIR
TÍMI
ALHLIÐA
HRAÐI

48 - Aventura

Ð	J	W	N	Ð	K	M	H	D	N	T	P	L	Ö	F	Á
V	F	Y	Y	T	G	E	L	U	T	T	Æ	H	R	E	F
F	X	U	B	D	F	U	L	Ð	G	W	Ð	M	Y	R	A
U	L	P	O	U	Y	Y	V	Q	Y	R	T	X	G	Ð	N
T	N	N	U	L	T	Æ	Á	A	Ð	R	E	F	G	A	G
Æ	A	D	V	I	N	I	R	J	N	K	C	K	I	S	A
K	R	I	I	S	U	X	Ð	Ó	M	D	L	E	K	T	S
I	Ú	T	Ð	R	A	G	N	I	L	G	I	S	Q	I	T
F	T	Þ	E	N	B	G	C	M	N	Þ	Q	U	U	Y	A
Æ	T	H	L	C	A	Ú	C	Z	Ý	W	S	H	R	Q	Ð
R	Á	D	G	Þ	V	M	N	X	T	Y	L	C	M	T	U
I	N	Á	Ó	V	A	R	T	I	T	V	P	R	I	G	R
F	E	G	U	R	Ð	J	W	O	N	V	I	R	K	N	I
Ó	V	E	N	J	U	L	E	G	T	G	H	C	P	W	A
Z	B	Z	W	Ð	C	R	Z	T	Þ	A	U	S	Z	K	N
S	K	O	Ð	U	N	A	R	F	E	R	Ð	R	I	O	J

VIRKNI
GLEÐI
VINIR
FEGURÐ
ÁFANGASTAÐUR
VANDI
ELDMÓÐ
SKOÐUNARFERÐ
ÓVENJULEGT
FERÐAÁÆTLUN

NÁTTÚRAN
SIGLINGAR
NÝTT
TÆKIFÆRI
HÆTTULEGT
UNDIRBÚNINGUR
ÖRYGGI
Á ÓVART
HUGREKKI
FERÐAST

49 - Pájaros

O	K	K	T	Y	M	Đ	T	E	L	Þ	N	Q	Y	S	Z
Đ	R	Y	J	F	L	A	M	I	N	G	O	W	Q	V	J
T	Á	W	K	Ú	C	T	F	T	W	D	L	C	V	A	A
T	K	W	R	U	K	Z	P	T	F	N	L	C	P	N	F
N	A	C	U	O	T	L	B	T	Đ	Z	B	U	E	U	Đ
E	A	W	E	H	W	Z	I	D	W	T	E	B	G	R	X
S	T	O	R	K	U	R	F	N	O	R	E	H	G	U	Þ
Æ	X	R	U	P	H	U	C	Ö	G	F	Y	J	P	T	G
G	I	R	K	M	D	A	J	T	G	U	C	Z	F	Ú	S
R	Þ	A	U	Á	J	B	U	Z	Q	U	R	P	F	R	V
Ö	B	P	A	F	Ú	D	Z	K	E	H	P	J	Z	T	O
M	I	S	G	U	G	Y	M	Ö	U	E	N	M	G	S	O
Đ	C	N	A	R	B	Æ	H	R	I	R	U	K	U	A	G
J	F	A	F	R	H	Z	S	N	A	C	I	L	E	P	C
O	Z	T	Á	Z	G	D	Þ	T	U	B	V	T	Þ	X	H
A	N	Y	P	C	T	N	U	Þ	L	Q	U	P	B	F	R

STRÚTUR
ÖRN
STORKUR
SVANUR
GAUKUR
KRÁKA
FLAMINGO
GÆS
HERON
MÁFUR
SPARROW
HAUKUR
EGG
PÁFAGAUKUR
DÚFA
ÖND
PELICAN
MÖRGÆS
KJÚKLINGUR
TOUCAN

50 - Geografía

S	V	Æ	Ð	I	K	V	Z	V	Ó	S	W	I	F	S	T
K	T	A	L	Z	R	T	E	Y	J	A	P	E	B	U	W
M	J	K	B	Þ	B	A	H	I	S	L	J	S	O	Ð	D
E	X	K	I	N	H	Y	Ð	Ð	Z	T	X	A	V	U	E
R	U	T	S	E	V	D	J	Æ	E	A	R	O	L	R	P
I	Q	S	L	C	U	J	A	V	H	W	W	M	M	A	T
D	P	G	L	A	O	N	R	S	E	M	F	M	N	S	O
I	P	U	A	P	N	L	Ð	A	I	N	N	U	F	L	Á
A	S	W	J	Q	P	D	A	Ð	M	B	K	O	R	T	H
N	U	Z	F	O	Þ	D	R	Á	U	E	O	V	W	O	Y
T	R	O	V	A	O	I	U	R	R	K	B	R	T	N	R
F	Þ	U	V	Q	J	E	Ð	R	E	C	N	K	G	B	Z
I	P	W	F	J	Q	R	R	I	V	O	S	N	H	X	B
Z	H	V	P	E	Q	B	O	F	I	M	Þ	Þ	Þ	U	Þ
C	M	B	X	R	N	B	N	Y	R	F	X	T	I	K	I
L	E	N	G	D	A	R	G	R	Á	Ð	U	U	G	J	W

HÆÐ
ATLAS
BORG
ÁLFUNNI
JARÐAR
EYJA
BREIDD
LENGDARGRÁÐU
KORT
SJÓ
MERIDIAN
FJALL
HEIMUR
NORÐUR
VESTUR
LAND
SVÆÐI
RIVER
SUÐUR
YFIRRÁÐASVÆÐI

51 - Enfermedad

U	J	S	P	T	U	T	E	I	Z	D	B	S	M	F	K
B	E	C	Z	P	T	E	P	I	B	L	B	Ó	Đ	A	Z
A	T	R	A	J	H	Đ	I	V	K	T	K	N	L	V	Z
R	Q	H	L	N	Đ	Á	R	B	J	K	G	G	J	G	H
F	B	E	Í	O	Ó	N	Æ	M	I	M	Æ	N	F	O	A
G	Q	I	K	D	T	A	F	G	B	M	F	Q	Z	N	A
E	Đ	L	A	L	D	Đ	R	Đ	R	E	F	Đ	E	M	W
N	P	S	M	X	Q	Í	A	V	R	B	I	I	E	E	E
G	L	A	I	F	T	L	N	Y	R	B	D	N	H	N	Z
U	W	U	W	J	X	L	U	I	Y	Þ	N	N	W	A	Đ
R	K	V	M	P	P	E	D	H	P	Đ	A	E	D	Þ	U
T	A	Z	D	B	Y	V	N	R	L	E	T	K	I	E	V
B	G	N	Y	Z	A	E	Ö	E	Y	T	I	L	R	U	Đ
L	U	N	G	U	M	R	T	R	B	L	M	I	T	E	F
L	A	N	G	V	A	R	A	N	D	I	S	E	W	O	C
T	A	U	G	A	K	V	I	L	L	A	O	H	A	P	G

KVIÐ
BRÁÐ
OFNÆMI
VELLÍÐAN
SMITANDI
HJARTA
LANGVARANDI
LÍKAMI
VEIK
ARFGENGUR

BEIN
BÓLGA
ÓNÆMI
LUMBAR
TAUGAKVILLA
LUNGUM
ÖNDUNARFÆRI
HEILSA
HEILKENNI
MEÐFERÐ

52 - Actividades

Þ	G	Ö	N	G	U	F	E	R	Ð	I	R	M	K	G	L
K	R	I	K	I	E	L	Á	M	A	G	U	H	Á	A	J
L	U	A	Ð	I	E	V	R	S	L	I	S	T	A	R	Ó
H	D	J	U	L	C	V	M	V	A	H	L	L	R	Ð	S
F	L	G	Y	T	S	I	M	Í	T	U	E	A	L	Y	M
U	A	Æ	O	Z	I	N	F	Æ	H	S	M	J	M	R	Y
O	G	N	Z	W	Ð	R	U	T	S	E	L	A	U	K	N
D	N	Á	S	Þ	I	Z	D	D	N	D	T	Ö	K	J	D
I	C	X	K	R	E	V	D	N	A	H	G	T	K	A	U
F	I	D	V	Q	V	F	V	P	K	Þ	E	K	A	U	N
V	I	R	K	N	I	P	K	E	R	A	M	I	K	S	N
D	Y	Ð	G	T	L	P	M	Á	L	V	E	R	K	G	I
F	L	K	K	T	D	Þ	W	D	V	Þ	Þ	G	Q	P	B
N	B	Y	J	K	A	X	B	Þ	P	S	U	Ð	E	F	W
L	M	M	H	G	C	L	F	Z	M	P	Ð	W	Þ	C	F
G	O	V	B	R	E	W	E	F	M	H	L	Z	K	P	R

VIRKNI
LIST
HANDVERK
VEIÐA
KERAMIK
SAUMA
LJÓSMYNDUN
HÆFNI
ÁHUGAMÁL
GARÐYRKJA
LEIKIR
LESTUR
GALDUR
TÍMIST
VEIÐI
MÁLVERK
ÁNÆGJA
SLÖKUN
ÞRAUTIR
GÖNGUFERÐIR

53 - Verduras

W	A	Y	P	Þ	W	P	A	X	G	O	Đ	R	G	C	A
C	Þ	Đ	V	P	D	Q	Q	C	W	S	A	Q	Ú	T	R
V	R	A	A	H	U	G	F	D	V	G	J	Z	R	U	T
S	I	J	O	R	V	B	K	O	T	Þ	Đ	P	K	S	I
A	P	L	C	E	N	Y	W	I	C	M	Æ	I	U	H	H
H	P	E	U	F	J	L	A	U	K	U	R	O	G	V	O
B	E	S	R	I	U	L	F	Ö	T	R	A	K	U	Í	K
F	V	N	E	G	Z	H	Í	Q	J	Y	F	X	L	T	E
E	S	I	K	N	I	D	L	A	G	G	E	B	R	L	U
J	P	E	S	E	P	L	Ó	E	O	K	P	T	Ó	A	B
D	C	T	A	P	Æ	N	K	P	N	N	X	F	T	U	L
O	I	S	R	Z	N	E	H	Á	Z	Đ	K	N	M	K	Đ
L	K	O	G	S	G	H	W	Þ	L	M	T	G	Q	U	P
D	D	M	C	S	T	Ó	M	A	T	A	L	A	S	R	O
S	E	L	L	E	R	Í	G	Đ	Þ	O	Y	C	N	H	T
J	H	G	F	Þ	H	P	F	S	P	Í	N	A	T	U	H

HVÍTLAUKUR
ARTIHOKE
SELLERÍ
EGGALDIN
SPERGILKÁL
GRASKER
LAUKUR
SALAT
SPÍNAT
PEA

ENGIFER
NÆPA
ÓLÍF
KARTÖFLU
GÚRKU
STEINSELJA
RÆÐJA
SVEPPIR
TÓMAT
GULRÓT

54 - Instrumentos Musicales

T	T	E	N	I	R	A	L	K	G	Y	B	Þ	T	T	M
R	M	A	R	I	M	B	A	U	Í	T	Á	O	C	Z	A
O	Đ	R	J	R	P	H	C	T	T	T	S	Ó	B	Ó	N
M	T	T	N	B	N	N	D	D	A	O	Ú	Đ	V	N	D
M	Y	S	E	L	L	Ó	D	V	R	G	N	O	G	A	Ó
A	W	N	F	E	O	L	Q	Q	V	A	A	U	V	Í	L
M	N	K	Þ	I	U	U	M	H	A	F	Y	T	N	P	Í
P	O	K	U	N	Đ	Z	P	A	L	Đ	H	U	A	B	N
Q	U	J	H	W	E	L	K	R	E	V	G	A	L	S	T
S	A	X	Ó	F	Ó	N	U	P	Ö	Q	Ó	L	C	A	R
N	L	W	N	T	X	Z	U	A	H	H	J	F	G	R	O
K	P	X	C	U	Q	A	Z	M	Đ	J	N	L	U	Đ	M
R	B	Q	P	B	Đ	D	H	A	V	T	A	N	C	W	P
D	E	Z	Q	X	X	J	U	J	R	U	B	M	U	B	E
B	M	B	I	I	Q	S	V	Q	V	E	Q	R	R	M	T
I	Q	F	Đ	U	P	M	X	F	B	W	C	F	M	M	H

MUNNHÖRPU
HARPA
BANJÓ
KLARINETT
FAGOTT
FLAUTU
GONG
GÍTAR
MANDÓLÍN
MARIMBA
ÓBÓ
BUMBUR
SLAGVERK
PÍANÓ
SAXÓFÓN
TROMMA
BÁSÚNA
TROMPET
FIÐLU
SELLÓ

55 - Formas

H	Þ	M	E	J	T	H	I	A	R	D	A	L	Ú	K	G
Y	O	E	K	E	I	L	A	U	Đ	Z	R	Đ	W	M	K
I	Y	R	I	N	Ú	R	B	G	M	Đ	C	B	P	J	O
S	T	U	N	Đ	Þ	M	Y	R	F	P	N	A	F	H	K
T	E	G	W	C	S	S	W	W	H	S	Y	U	W	F	T
R	N	N	Þ	R	Í	H	Y	R	N	I	N	G	U	R	A
O	I	I	N	X	Z	Z	D	P	O	L	X	P	T	Z	J
K	N	N	R	É	T	T	H	Y	R	N	I	N	G	U	R
K	G	R	Z	Y	X	Z	Đ	Z	Z	R	P	Đ	N	I	Q
A	U	E	E	X	M	A	R	G	H	Y	R	N	I	N	G
Đ	R	F	P	R	I	S	M	Þ	T	F	O	P	R	L	H
O	S	X	N	A	S	P	O	R	B	A	U	G	H	J	H
P	E	D	I	B	Đ	W	P	D	Q	N	B	U	F	P	T
H	Y	P	E	R	B	O	L	A	D	Í	M	A	R	Ý	P
F	E	R	I	L	L	J	S	B	R	L	F	U	H	I	A
S	P	O	R	Ö	S	K	J	U	L	A	G	A	N	Q	L

ARC
BRÚNIR
STROKKA
HRING
KEILA
FERNINGUR
TENINGUR
FERILL
SPORBAUG
KÚLA
HORN
HYPERBOLA
HLIÐ
LÍNA
SPORÖSKJULAGA
PÝRAMÍDA
MARGHYRNING
PRISM
RÉTTHYRNINGUR
ÞRÍHYRNINGUR

56 - Flores

G	K	V	F	W	M	R	E	L	U	M	Ð	I	L	O	C
E	Ð	R	T	D	H	U	G	Í	N	A	P	I	L	Ú	T
L	I	L	Y	N	O	E	P	L	M	G	K	J	X	M	V
G	H	M	F	U	A	Q	W	A	Ó	N	Z	G	E	Ó	Þ
L	R	S	W	G	L	Q	B	I	L	O	D	D	O	L	R
K	R	Ó	N	U	B	L	A	Ð	B	L	D	D	Z	B	K
I	T	R	Z	V	O	L	V	O	R	I	W	A	X	L	F
S	U	C	S	I	B	I	H	Ö	A	A	P	G	I	Ó	W
M	Z	U	Þ	U	C	F	C	O	N	W	M	O	P	S	M
Á	S	R	I	J	D	Í	B	G	F	D	J	T	P	K	Y
R	U	A	T	F	N	F	C	Þ	O	I	A	Z	G	P	L
I	W	Y	Ð	Ð	Y	G	Ð	V	L	H	S	D	Y	G	Y
C	A	L	E	N	D	U	L	A	V	C	M	K	R	Ð	B
G	K	W	B	E	V	M	P	I	F	R	I	B	Z	Y	B
K	C	Ð	H	D	R	R	T	L	L	O	N	W	D	E	Z
Á	S	T	R	Í	Ð	U	B	L	Ó	M	E	Y	Y	N	K

POPPY
CALENDULA
FÍFILL
TOGA
SÓLBLÓM
HIBISCUS
JASMINE
LOFNARBLÓM
LÍLA
LILY

MAGNOLIA
DAISY
ORCHID
ÁSTRÍÐUBLÓM
PEONY
KRÓNUBLAÐ
VÖND
RÓS
SMÁRI
TÚLIPAN

57 - Astronomía

G	S	A	L	H	E	I	M	U	R	B	J	R	S	G	R
U	E	J	B	V	Y	Ð	S	Þ	T	D	O	Y	M	E	D
A	L	I	Ó	Q	W	I	C	V	Ð	L	O	H	Á	R	M
L	O	R	S	N	H	I	M	I	N	N	M	Y	S	V	X
F	F	A	E	L	A	A	P	M	I	C	M	K	T	I	A
D	T	F	M	Þ	U	U	F	Z	G	U	G	S	I	T	D
L	S	M	Z	W	D	N	K	Þ	O	K	K	A	R	U	H
E	T	I	V	K	R	Y	M	I	J	M	M	K	N	N	O
E	E	E	J	H	P	X	P	H	H	Ö	B	W	I	G	C
E	I	G	T	V	O	A	M	W	T	A	R	Y	Y	L	O
Q	N	A	T	I	P	L	C	Ð	Q	Q	H	Ð	F	G	S
U	H	Y	R	O	T	A	V	R	E	S	B	O	Q	N	M
I	Q	E	Ð	Ð	L	G	N	Þ	U	F	E	Ð	J	U	O
N	S	T	J	Ö	R	N	U	M	E	R	K	I	U	T	S
O	Þ	Y	N	G	D	A	R	A	F	L	D	L	F	R	V
X	R	E	I	K	I	S	T	J	A	R	N	A	Þ	N	X

SMÁSTIRNI
GEIMFARI
HIMINN
ELDFLAUG
STJÖRNUMERKI
COSMOS
MYRKVI
EQUINOX
GALAXY
ÞYNGDARAFL
TUNGL
LOFTSTEIN
ÞOKKA
OBSERVATORY
REIKISTJARNA
GEISLUN
GERVITUNGL
SJÓNAUKI
JÖRÐ
ALHEIMUR

58 - Tiempo

Đ	T	T	Đ	F	K	Í	D	N	O	J	L	H	A	Þ	X
O	M	Q	X	R	Q	G	L	A	I	S	D	D	P	E	E
H	O	V	D	A	P	Æ	Ö	N	G	O	N	P	V	Þ	S
J	I	D	G	M	T	R	M	Ú	E	A	U	Y	H	E	Z
F	Đ	S	D	T	Á	U	B	N	D	T	T	T	Ó	N	Đ
Þ	I	K	D	Í	T	Đ	N	Q	Á	Ú	S	A	C	O	S
R	Þ	R	H	Đ	X	U	U	M	H	N	U	Á	L	G	Đ
K	L	U	K	K	A	N	Y	R	Þ	Í	K	R	Q	E	U
G	Q	V	E	E	M	Á	P	U	N	M	K	E	Y	V	F
D	R	U	Q	A	O	M	Đ	G	I	N	U	Y	B	I	Þ
Đ	Í	C	E	W	R	K	Đ	A	G	E	L	R	Á	K	Þ
J	C	D	I	E	G	H	H	D	G	G	K	N	X	A	G
N	F	N	A	L	U	Á	R	A	T	U	G	U	R	I	U
E	J	S	J	G	N	Z	L	G	A	G	Q	Đ	I	P	H
K	I	L	B	A	N	G	U	A	J	H	D	K	Þ	Y	K
F	J	E	B	R	J	Y	H	K	Y	B	O	P	U	Q	B

NÚNA
ÁÐUR
ÁRLEGA
ÁR
Í GÆR
DAGATAL
ÁRATUGUR
DAGUR
FRAMTÍÐ
KLUKKUSTUND
Í DAG
MORGUNN
HÁDEGI
MÁNUÐUR
MÍNÚTA
AUGNABLIK
NÓTT
KLUKKA
VIKA
ÖLD

59 - Paisajes

J	G	K	R	E	Z	T	L	S	X	T	T	U	I	S	W
X	Ö	X	S	H	A	E	B	L	E	Y	J	A	Đ	T	G
O	X	K	R	Ö	M	I	Đ	Y	E	C	Z	U	O	Ö	Q
H	R	I	U	E	L	D	F	J	A	L	L	U	Đ	Đ	S
B	X	N	Ó	L	L	A	J	F	Í	P	O	T	O	U	B
Q	B	J	P	O	L	C	X	N	N	S	C	X	V	V	C
G	O	S	H	V	E	R	H	L	L	K	B	A	G	A	X
I	A	B	G	Z	E	R	Y	E	M	P	Y	E	Y	T	L
G	Þ	S	U	V	U	I	N	N	L	B	W	Þ	R	N	Đ
J	J	Y	M	W	J	V	Þ	H	Đ	L	N	E	D	G	B
S	N	J	J	M	J	E	S	N	Y	Y	I	G	A	K	S
T	U	N	D	R	A	R	M	Đ	Đ	F	V	M	L	Q	L
L	Á	K	M	R	R	G	L	A	B	J	Þ	T	U	D	D
C	R	F	O	S	S	N	J	J	Z	A	Z	S	R	B	M
O	Ó	J	S	W	Đ	O	N	P	C	R	W	E	V	I	Þ
T	S	M	Ý	R	I	Đ	Q	Đ	F	A	W	F	W	D	U

FOSS
HELLI
EYÐIMÖRK
ÁRÓS
GOSHVER
JÖKULL
ÍSBERG
EYJA
STÖÐUVATN
LÓN
SJÓ
FJALL
VIN
MÝRI
SKAGI
FJARA
RIVER
TUNDRA
DALUR
ELDFJALL

60 - Días y Meses

Đ	S	J	D	G	G	L	N	F	J	H	Q	T	A	H	Đ
C	U	U	Ú	L	G	A	Ó	I	Z	A	Q	L	A	Y	C
E	N	F	I	N	L	U	V	M	T	K	N	Y	Đ	Þ	H
A	N	H	O	L	Í	G	E	M	I	I	L	Ú	N	O	V
Þ	U	Þ	N	O	R	A	M	T	B	V	A	M	A	O	B
R	D	Þ	S	Þ	P	R	B	U	S	E	T	R	Q	R	W
I	A	E	C	B	A	D	E	D	Þ	Ú	A	J	U	H	R
Đ	G	M	Z	K	N	A	R	A	B	V	G	V	D	E	E
J	U	Y	Á	R	E	G	B	G	W	T	A	Á	M	L	B
U	R	X	L	U	G	U	R	U	G	A	D	U	N	Á	M
D	E	C	A	Đ	Þ	R	X	R	A	Ú	R	B	E	F	E
A	B	W	F	U	J	Ú	L	Í	L	E	I	W	B	A	T
G	Ó	Q	N	N	F	Ö	S	T	U	D	A	G	U	R	P
U	T	U	E	Á	N	F	Y	Y	O	B	A	K	K	V	E
R	K	A	W	M	B	Z	M	W	J	P	Þ	R	F	K	S
T	O	L	Đ	M	I	Đ	V	I	K	U	D	A	G	U	R

APRÍL
ÁGÚST
ÁR
DAGATAL
SUNNUDAGUR
JANÚAR
FEBRÚAR
FIMMTUDAGUR
JÚLÍ
JÚNÍ
MÁNUDAGUR
ÞRIÐJUDAGUR
MÁNUÐUR
MIÐVIKUDAGUR
NÓVEMBER
OKTÓBER
LAUGARDAGUR
VIKA
SEPTEMBER
FÖSTUDAGUR

61 - Biología

H	S	P	E	N	D	Ý	R	F	S	P	Ð	B	A	N	Q
M	M	A	Ð	Q	Ð	I	L	R	A	R	R	C	K	W	F
Y	Þ	R	Ó	U	N	W	M	U	M	Þ	O	Ó	W	R	D
Q	W	V	J	C	H	L	Þ	M	B	W	S	S	T	Q	R
K	O	L	L	A	G	E	N	A	Ý	Q	M	Y	M	Í	G
N	I	U	V	U	U	U	Ó	Q	L	S	Ó	N	A	E	N
J	Á	C	X	Z	A	H	M	A	I	A	S	A	L	N	I
Þ	V	T	G	X	T	J	R	Þ	V	M	U	P	D	S	N
M	R	M	T	L	Þ	A	O	Y	I	U	T	S	B	Í	T
T	Y	Y	Z	Ú	W	B	H	R	Ð	R	V	E	Y	M	I
K	P	I	Ð	Æ	R	F	A	R	Æ	F	F	Í	L	R	L
N	J	S	K	V	V	U	Q	E	R	A	Ð	P	U	I	T
U	G	Ð	H	B	Z	F	L	P	F	G	I	O	O	P	G
S	K	R	I	Ð	D	Ý	R	E	B	U	Ð	D	X	U	Y
B	A	K	T	E	R	Í	U	R	G	A	E	M	T	X	Q
M	Þ	A	N	U	F	Í	L	L	I	T	S	Ó	J	L	F

LÍFFÆRAFRÆÐI
BAKTERÍUR
FRUMA
KOLLAGEN
LITNING
FRÆÐI
ENSÍM
ÞRÓUN
LJÓSTILLÍFUN
HORMÓN
SPENDÝR
NÁTTÚRULEGT
TAUG
TAUGAFRUMA
OSMÓSU
PRÓTÍN
SKRIÐDÝR
SAMBÝLI
SYNAPSE

62 - Jardinería

Z	E	Z	I	A	G	N	X	W	Þ	Z	S	O	L	A	Q
B	Y	Z	U	X	Ð	D	B	E	M	G	G	W	E	S	F
O	H	U	T	K	F	R	L	N	Þ	U	T	P	Ð	Þ	L
T	V	C	Þ	N	Þ	U	Ó	D	Ð	E	O	B	I	B	L
A	A	G	V	Y	L	Ð	M	Þ	U	O	E	A	E	E	Ó
N	T	Ð	P	X	K	R	A	N	U	G	N	Ö	L	S	H
I	N	T	W	O	R	A	R	T	S	M	Ó	L	B	Q	R
C	G	L	Q	S	U	G	U	Á	F	M	O	S	I	N	E
A	C	U	Y	D	G	N	T	L	Y	L	K	N	K	K	I
L	D	R	D	H	E	I	Æ	Í	J	L	A	M	Q	I	N
Y	N	K	X	Z	V	D	N	U	G	E	T	U	K	T	I
S	M	V	U	L	Ð	L	W	K	Q	K	B	V	F	N	N
D	P	Æ	B	X	R	A	F	R	U	Ð	E	V	Ö	K	D
Þ	F	R	A	M	A	N	D	I	A	T	L	O	M	N	I
Z	R	F	X	E	J	X	K	K	P	K	W	Ð	S	B	D
C	Q	V	V	U	D	J	Y	S	F	N	I	P	O	N	Z

VATN
BOTANICAL
VEÐURFAR
ÆTUR
MOLTA
ÍLÁT
TEGUND
OPIN
FRAMANDI
BLÓMSTRA
BLÓMA
SM
LAUF
ALDINGARÐUR
RAKI
SLÖNGUNA
VÖND
FRÆ
ÓHREININDI
JARÐVEGUR

63 - Chocolate

F	W	X	Þ	Đ	I	S	C	U	Q	L	H	E	T	G	U
A	Þ	Q	Q	R	J	E	D	P	J	J	I	N	F	E	P
E	N	H	G	N	I	J	V	P	W	Ú	T	Đ	Þ	Þ	P
B	U	D	P	M	Y	A	S	S	N	F	A	Y	R	I	Á
X	U	I	O	P	A	G	Y	K	M	F	E	K	G	U	H
S	U	S	L	X	R	I	K	R	B	E	I	A	J	M	A
I	Đ	Æ	G	K	U	D	U	I	F	N	N	R	F	V	L
I	G	G	Y	Ó	T	N	R	F	T	G	I	A	A	Y	D
K	A	K	Ó	K	Æ	A	A	T	K	U	N	M	Đ	H	S
W	R	I	G	O	S	M	E	R	R	R	G	E	B	B	O
I	B	Þ	M	S	T	A	S	U	E	O	A	L	O	I	L
D	D	B	F	H	U	R	M	M	V	F	R	L	R	T	F
Đ	U	R	A	N	R	F	W	L	D	K	N	A	Đ	U	T
U	S	F	Y	E	V	S	J	I	N	D	D	I	A	R	Đ
E	L	X	T	T	J	O	H	Q	A	H	N	E	T	U	M
R	A	Đ	D	A	C	J	Q	M	H	D	T	W	Q	S	K

BITUR
ANDOXUNAREFNI
ILMUR
HANDVERK
SYKUR
HNETUM
KAKÓ
GÆÐI
HITAEININGAR
KARAMELLA
KÓKOSHNETA
AÐ BORÐA
LJÚFFENGUR
SÆTUR
FRAMANDI
UPPÁHALDS
BRAGÐ
EFNI
DUFT
UPPSKRIFT

64 - Barbacoas

H	O	S	L	Y	L	E	C	Þ	I	P	G	I	F	H	D
Á	P	D	Ó	X	Þ	Y	K	Z	D	Đ	B	H	A	E	S
D	Q	G	W	S	Y	K	U	A	L	W	G	H	Z	I	Đ
E	P	M	T	C	A	V	Á	V	Ö	X	T	U	R	T	Q
G	G	J	A	I	Y	Ö	P	G	O	Y	N	B	Q	T	V
I	W	J	E	T	Ö	L	A	S	U	M	A	R	Q	G	K
S	B	T	T	E	C	D	Z	N	R	R	Y	A	Ö	S	J
V	J	S	D	M	T	M	Þ	S	L	Þ	J	T	D	B	Ú
E	J	W	T	N	Ó	A	H	L	Þ	Þ	F	A	E	O	K
R	I	Y	V	Æ	N	T	U	E	L	E	I	M	R	P	L
Đ	W	T	V	R	L	U	N	I	Z	I	W	Ó	H	N	I
U	J	Z	T	G	I	R	G	K	A	E	R	T	K	V	N
R	D	S	J	V	S	Q	U	I	F	U	A	G	G	D	G
H	N	Í	F	A	T	D	R	R	T	F	P	M	I	S	U
F	J	Ö	L	S	K	Y	L	D	A	Y	I	N	T	H	R
Þ	O	Đ	L	Þ	Đ	V	R	P	J	G	P	S	A	L	T

HÁDEGISVERÐUR
HEITT
LAUK
KVÖLDMATUR
HNÍFA
SALÖT
FJÖLSKYLDA
ÁVÖXTUR
HUNGUR
LEIKIR
TÓNLIST
BÖRN
GRILL
PIPAR
KJÚKLINGUR
SALT
SÓSA
TÓMATAR
SUMAR
GRÆNMETI

65 - Ropa

S	R	Q	F	S	B	S	D	A	G	O	U	U	N	M	S
B	V	R	U	T	T	A	H	A	K	S	Í	T	Á	T	K
Q	G	U	D	R	Þ	J	S	L	J	H	Y	L	T	Q	A
H	Q	X	N	G	S	G	D	I	Ó	A	M	N	T	N	R
U	R	U	A	T	G	T	S	F	L	N	Þ	Z	F	V	T
F	Ð	B	B	K	U	K	K	E	L	S	Ð	J	Ö	R	G
Þ	N	T	M	V	J	K	Ó	R	Ó	K	S	Q	T	Z	R
S	M	B	R	S	K	Y	R	T	A	A	J	R	C	Q	I
Z	Þ	K	A	D	D	S	B	P	F	Þ	O	A	K	P	P
G	T	S	H	U	N	O	X	A	E	D	N	I	K	Ð	I
U	U	T	D	P	U	R	R	P	G	V	F	O	B	K	R
A	I	L	S	I	T	L	E	B	T	R	H	E	O	Z	I
W	K	W	I	L	P	E	Y	S	A	R	F	H	F	A	H
J	N	E	M	S	L	Á	H	N	I	S	A	T	V	Y	C
F	B	L	Ú	S	S	A	D	B	O	M	L	O	B	C	Ð
I	U	Q	X	U	J	A	P	I	V	V	K	K	Á	P	U

KÁPU
BLÚSSA
TREFIL
SKYRTA
JAKKI
BELTI
HÁLSMEN
SVUNTU
PILS
HANSKA
SKARTGRIPIR
TÍSKA
BUXUR
NÁTTFÖT
ARMBAND
SKÓ
HATTUR
PEYSA
KJÓLL
SKÓR

66 - Meditación

T	Ó	N	L	I	S	T	Þ	R	A	E	Þ	R	S	R	C
S	J	Ó	N	A	R	H	O	R	N	I	Ö	T	K	G	Z
Þ	E	X	X	M	Þ	X	Þ	D	T	M	G	N	Ý	Ó	W
P	X	O	L	M	F	Q	F	F	A	K	N	Þ	R	Ð	C
C	O	P	I	E	M	R	A	Ö	N	D	U	N	L	V	Q
A	T	H	U	G	U	N	I	N	L	X	B	N	E	I	H
H	A	M	I	N	G	J	A	Ð	D	U	D	K	I	L	Þ
Ð	E	W	S	A	M	T	Ö	K	U	L	W	G	K	D	A
V	R	B	H	D	G	L	O	G	N	R	E	Y	I	Þ	K
T	I	L	F	I	N	N	I	N	G	A	R	G	Z	L	K
E	N	A	R	Ú	T	T	Á	N	D	G	T	K	T	Z	L
S	A	W	K	P	K	O	Ð	D	U	U	K	Q	P	M	Æ
C	S	Q	B	H	A	M	Ú	N	T	H	C	R	H	Ð	T
S	G	I	K	K	Y	Þ	M	A	S	B	U	Q	V	S	I
E	U	W	A	F	W	T	A	T	H	Y	G	L	I	K	U
X	H	K	R	M	F	S	S	B	N	P	O	J	K	V	R

SAMÞYKKI
ATHYGLI
GÓÐVILD
LOGN
SKÝRLEIKI
SAMÚÐ
TILFINNINGAR
HAMINGJA
ÞAKKLÆTI
ANDLEGT

HUGA
SAMTÖK
TÓNLIST
NÁTTÚRAN
ATHUGUN
FRIÐUR
HUGSANIR
SJÓNARHORNI
ÖNDUN
ÞÖGN

67 - Café

B	B	R	Đ	V	R	U	K	K	Y	R	D	Þ	S	R	V
S	V	A	R	T	D	P	O	D	F	Þ	Y	T	I	J	D
T	T	M	E	Ú	B	P	Y	O	V	N	I	Q	Z	X	I
C	K	Ó	V	F	S	R	S	Y	K	U	R	J	V	S	P
E	F	J	X	R	P	U	Q	W	P	H	U	W	Y	Í	J
D	V	R	Þ	N	R	N	T	A	V	T	T	P	N	A	K
W	I	C	P	Y	R	A	N	H	W	A	I	V	L	G	O
B	B	O	L	L	I	S	Đ	P	G	U	B	R	K	S	F
R	C	F	K	Y	N	N	U	G	R	O	M	A	L	A	F
E	U	J	D	P	G	X	A	P	A	I	D	L	Ó	X	Í
N	B	M	A	O	K	L	U	B	G	R	B	Ķ	J	W	N
N	R	F	L	Z	E	T	G	Z	Þ	X	B	L	M	X	D
T	U	J	C	I	F	J	Ö	L	B	R	E	Y	T	N	I
G	E	R	J	Đ	G	Z	P	P	H	Þ	S	Y	C	K	R
E	S	A	E	F	L	J	Ó	T	A	N	D	I	V	G	S
K	N	I	Þ	P	E	W	X	N	Q	U	I	D	S	L	X

VATN
BITUR
ILMUR
BRENNT
SYKUR
SÚR
DRYKKUR
KOFFÍN
RJÓMA
SÍA
MJÓLK
FLJÓTANDI
MORGUNN
MALA
SVART
UPPRUNA
VERÐ
BRAGÐ
BOLLI
FJÖLBREYTNI

68 - Libros

X	Y	Þ	X	R	I	T	I	C	V	F	T	P	E	Q	H
M	K	E	K	Y	G	Y	I	F	S	R	V	N	C	E	Ö
G	I	R	Ý	T	N	I	V	Æ	U	U	Í	P	Y	B	F
L	A	T	N	N	E	M	K	Ó	B	M	E	W	N	E	U
J	G	M	W	E	H	L	B	R	Q	L	Ð	Ö	R	S	N
Ó	A	G	A	S	M	I	E	A	F	E	L	L	S	Ö	D
Ð	S	H	U	N	A	D	Y	S	E	G	I	J	Ö	G	U
D	D	Ö	E	E	S	N	D	D	A	D	W	D	G	U	R
C	L	R	N	K	B	A	P	P	M	N	J	H	U	L	Y
A	Á	M	W	C	M	G	M	M	G	S	D	U	M	E	V
D	K	U	O	W	I	I	H	U	R	A	K	I	A	G	Q
H	S	L	S	V	Ð	E	J	N	R	F	A	Z	Ð	T	P
S	O	E	Í	T	Z	Ð	M	T	W	N	H	K	U	V	A
M	M	G	Ð	A	F	I	R	K	S	R	W	B	R	X	H
V	N	A	A	L	O	V	Þ	O	I	U	B	A	E	Z	N
D	V	W	N	C	G	M	U	U	J	C	L	W	H	O	B

HÖFUNDUR
ÆVINTÝRI
SAFN
SAMHENGI
TVÍEÐLI
SKRIFAÐ
SAGA
SÖGULEGT
GAMANSAMUR
FRUMLEG
LESANDI
BÓKMENNTA
SÖGUMAÐUR
SKÁLDSAGA
ORÐ
SÍÐA
VIÐEIGANDI
LJÓÐ
RÖÐ
HÖRMULEGA

69 - Los Medios de Comunicación

S	A	M	S	K	I	P	T	I	F	L	Z	J	M	Þ	M
U	X	A	U	G	L	Ý	S	I	N	G	K	N	E	T	Y
V	I	T	S	M	U	N	A	L	E	G	U	M	Ð	I	N
I	Ð	N	A	Ð	U	R	G	U	Þ	Ð	K	Y	N	R	D
F	C	U	Ð	Q	V	I	Ð	H	O	R	F	X	G	A	I
Q	Z	T	F	J	Á	R	M	Ö	G	N	U	N	H	M	R
B	I	N	O	S	J	Ó	N	V	A	R	P	F	W	Í	F
P	V	N	S	P	H	L	Ð	S	L	U	B	S	I	T	F
T	C	E	X	J	I	V	Ö	G	T	I	L	Á	Y	Q	L
F	J	M	C	B	O	N	L	Á	Z	A	F	Á	G	T	Ú
I	J	W	Z	G	N	Æ	B	T	N	Y	Ð	X	Y	Ð	X
Ú	T	V	A	R	P	R	G	E	Y	E	R	B	L	C	H
J	J	F	F	I	Þ	F	A	H	R	J	T	D	Æ	B	D
Z	S	N	Þ	Y	G	A	D	D	H	O	S	I	S	R	S
V	Ð	V	U	Þ	P	T	V	O	Z	B	O	F	N	L	N
A	V	S	G	B	R	S	H	Þ	Y	M	D	G	J	U	V

VIÐHORF
AUGLÝSING
SAMSKIPTI
STAFRÆN
ÚTGÁFA
MENNTUN
Á NETINU
FJÁRMÖGNUN
MYNDIR
IÐNAÐUR
VITSMUNALEGUM
STAÐBÆR
ÁLIT
DAGBLÖÐ
OPINBER
ÚTVARP
NET
TÍMARIT
SJÓNVARP

70 - Nutrición

Z	W	E	O	F	W	V	U	M	E	G	M	T	N	Q	H
V	Í	T	A	M	Í	N	S	Ð	I	E	E	C	Æ	Z	E
Q	M	T	Ð	E	G	D	Q	A	T	R	L	Q	R	M	I
C	O	S	Ó	S	A	G	M	N	U	J	T	Ð	I	A	L
P	X	G	Z	N	U	I	J	J	R	U	I	Z	N	T	B
M	T	S	K	B	R	A	G	Ð	E	N	N	G	G	A	R
B	A	W	W	M	A	Q	S	S	F	R	G	P	A	R	I
E	U	T	V	G	V	I	C	L	N	O	O	R	R	Æ	G
K	S	J	A	T	Q	J	F	P	I	K	C	Ó	E	Ð	Ð
O	A	D	A	R	W	V	M	E	W	E	B	T	F	I	U
B	N	G	Q	C	L	Æ	T	U	R	T	H	E	N	B	R
I	Ð	N	Æ	B	M	Y	T	L	H	N	Y	I	I	I	T
D	K	Y	S	Ð	W	Ð	S	J	E	K	J	N	I	T	G
V	Y	Þ	G	A	I	Ð	P	T	Y	Ð	Ð	Þ	C	U	Ð
A	T	W	K	X	D	K	O	L	V	E	T	N	I	R	T
R	Ó	L	E	G	U	R	D	F	Þ	K	L	Q	C	H	P

BITUR
MATARLYST
GÆÐI
KOLVETNI
KORN
ÆTUR
MATARÆÐI
MELTING
RÓLEGUR
GERJUN
NÆRINGAREFNI
ÞYNGD
PRÓTEIN
BRAGÐ
SÓSA
HEILSA
HEILBRIGÐUR
EITUREFNI
VÍTAMÍN

71 - Edificios

K	R	K	T	M	B	D	Đ	G	D	X	Đ	W	P	B	F
V	U	S	Ú	H	A	R	K	Ú	J	S	L	A	J	Í	W
I	T	Q	Y	R	O	T	A	V	R	E	S	B	O	L	G
K	L	U	Đ	Ö	L	H	V	Y	K	P	B	M	I	S	X
M	B	N	R	A	Đ	T	B	Ö	M	S	L	X	S	K	S
Y	C	I	U	N	F	A	S	B	R	H	N	K	K	Ú	H
N	Z	L	J	S	P	Q	R	U	F	U	A	R	Ó	R	Ó
D	Z	Ó	Đ	Ú	B	Í	C	S	V	L	B	Z	L	R	T
A	T	K	I	K	L	E	F	A	K	Þ	P	Ú	I	F	E
H	Z	S	M	P	S	Q	J	V	O	A	M	S	Đ	B	L
Ú	I	Á	S	E	N	D	I	R	Á	Đ	S	O	R	Æ	H
S	Ú	H	K	I	E	L	D	V	P	Đ	F	T	N	R	Ú
Þ	K	L	R	V	Ö	L	L	I	N	N	V	N	A	J	S
Q	C	S	E	V	X	H	F	V	Þ	S	N	A	V	L	O
F	R	X	V	A	O	I	N	B	I	V	O	Þ	H	I	I
V	G	N	W	L	J	V	E	G	B	L	R	M	B	M	W

ÍBÚÐ
KLEFA
HÚS
KASTALI
KVIKMYNDAHÚS
SENDIRÁÐ
SKÓLI
VÖLLINN
VERKSMIÐJU
BÍLSKÚR
HLÖÐU
BÆR
SJÚKRAHÚS
HÓTEL
SAFN
OBSERVATORY
MATVÖRUBÚÐ
LEIKHÚS
TURN
HÁSKÓLI

72 - Océano

J	P	U	Q	S	I	Y	S	L	W	T	A	U	A	X	Þ
E	S	A	K	A	B	D	L	A	J	K	S	U	Ð	U	J
F	V	A	C	B	B	Q	Þ	L	R	M	I	P	F	O	V
I	T	R	L	R	A	K	Á	H	U	I	P	W	B	R	B
S	Ú	T	L	T	R	S	V	A	M	P	U	R	H	Æ	M
K	N	S	Á	W	K	O	L	K	R	A	B	B	I	K	A
U	F	O	Ð	Q	U	S	Q	V	O	Y	K	H	Þ	J	R
R	I	U	P	F	J	G	W	J	T	E	Q	Ö	Þ	A	G
B	S	T	W	T	H	O	Ð	M	S	Ð	Y	F	I	R	L
Á	K	Y	C	W	K	Ó	R	A	L	L	Y	R	T	E	Y
T	U	E	E	M	M	X	U	Q	K	H	F	U	D	Z	T
U	R	V	Y	S	R	D	L	U	X	I	J	N	V	R	T
R	S	L	L	Ö	F	R	A	V	Á	J	S	G	O	J	A
Þ	Ö	R	U	N	G	A	V	G	Þ	V	G	U	X	F	R
D	Q	T	U	X	Z	I	H	O	I	G	G	R	Z	O	J
O	B	S	K	Ð	K	G	Z	A	J	C	Y	K	A	N	K

ÞÖRUNGA
ÁLL
RIF
TÚNFISKUR
HVALUR
BÁTUR
RÆKJA
KRABBI
KÓRALL
HÖFRUNGUR
SVAMPUR
SJÁVARFÖLL
MARGLYTTA
OSTRA
FISKUR
KOLKRABBI
SALT
HÁKARL
STORMUR
SKJALDBAKA

73 - Ciudad

S	M	Q	S	Ú	H	K	I	E	L	K	F	D	K	B	D
N	Þ	T	K	Þ	P	Í	G	Z	K	V	L	O	U	L	Ý
Y	V	J	Ó	I	Í	R	K	Þ	H	I	U	V	L	Ó	R
R	N	U	L	S	R	E	V	P	W	K	G	C	W	M	A
T	Ð	Ð	I	Z	A	L	O	T	M	M	V	K	D	A	G
I	Ú	H	J	Ð	K	L	B	U	Y	Y	Ö	A	F	B	A
S	B	U	Á	Ð	A	A	B	Ð	H	N	L	P	B	Ú	R
T	U	Ó	A	S	B	G	U	F	Ó	D	L	Ó	H	Ð	Ð
O	R	Q	K	V	K	B	O	C	T	A	U	T	O	Ú	U
F	Ö	G	Q	A	P	Ó	A	P	E	H	R	E	W	B	R
A	V	Y	T	D	S	T	L	N	L	Ú	W	K	L	A	T
X	T	P	Y	M	J	A	U	I	K	S	S	D	K	K	N
J	A	Ð	Q	F	J	Ð	F	C	R	I	B	H	S	Ó	E
Q	M	A	G	R	P	V	S	N	F	A	S	N	I	B	O
Þ	G	M	A	R	K	A	Ð	U	R	D	Q	R	V	P	H
E	H	P	M	P	D	V	Ö	L	L	I	N	N	B	Ð	E

FLUGVÖLLUR
BANKI
BÓKASAFN
KVIKMYNDAHÚS
SKÓLI
VÖLLINN
APÓTEK
BLÓMABÚÐ
GALLERÍ
HÓTEL
BÓKABÚÐ
MARKAÐUR
SAFN
BAKARÍ
SNYRTISTOFA
MATVÖRUBÚÐ
LEIKHÚS
VERSLUN
HÁSKÓLI
DÝRAGARÐUR

74 - Agronomía

E	V	L	P	T	K	E	K	Þ	M	S	Þ	O	H	K	L
A	Ö	M	A	K	R	O	R	W	Þ	J	S	V	E	I	T
L	X	S	L	N	Ð	Ð	O	F	X	Ú	T	D	U	U	Z
S	T	V	Þ	T	D	R	O	F	M	K	P	F	L	M	G
Ð	U	T	Í	W	I	B	Q	S	G	D	O	Q	R	H	Þ
I	R	X	R	S	Þ	I	Ú	B	X	Ó	O	I	X	V	A
E	G	V	M	W	I	Q	L	N	Þ	M	U	L	H	E	Þ
L	S	Z	X	C	Z	N	P	Y	A	A	V	I	P	R	D
M	Í	C	G	R	E	E	D	C	W	Ð	R	Ð	Z	F	M
A	Y	F	U	O	J	V	N	I	Y	R	U	Æ	K	I	Z
R	Z	X	R	U	T	N	Ö	L	P	N	Ð	R	E	H	F
F	V	M	R	Æ	B	F	L	Á	J	S	R	F	R	R	Q
N	V	A	T	N	N	B	N	J	I	N	U	T	F	F	X
M	E	N	G	U	N	T	F	D	A	Y	B	S	I	R	G
G	R	Æ	N	M	E	T	I	U	O	F	Á	I	N	Æ	X
R	F	N	Á	M	B	X	Þ	H	Y	Y	V	V	C	Ð	S

LANDBÚNAÐUR
VATN
VÍSINDI
MENGUN
VÖXTUR
VISTFRÆÐI
ORKA
SJÚKDÓMA
ROF
NÁM

ÁBURÐUR
UMHVERFI
LÍFRÆNT
PLÖNTUR
FRAMLEIÐSLA
SVEIT
FRÆ
KERFI
SJÁLFBÆR
GRÆNMETI

75 - Deporte

Q	K	V	G	B	E	V	F	O	Þ	Y	H	Q	Z	C	V
Þ	A	H	S	O	F	Í	S	N	Þ	W	Đ	M	L	O	Þ
W	R	Y	B	Đ	N	Þ	Þ	I	L	I	V	A	U	O	J
O	J	E	G	V	A	Þ	D	R	U	K	R	Y	T	S	Á
Z	R	B	U	O	S	Q	R	D	Ó	I	C	B	H	I	L
A	U	T	E	G	K	A	M	E	L	T	C	C	F	V	F
J	Đ	U	U	Đ	I	X	L	F	K	A	T	R	C	Z	A
G	A	S	P	Q	P	H	M	J	W	L	V	I	A	A	R
Y	M	F	Y	E	T	H	Á	M	A	R	K	A	R	T	I
E	A	X	Đ	N	I	K	M	A	T	A	R	Æ	Đ	I	D
T	T	Z	P	Q	D	B	E	I	N	H	K	W	Q	M	A
Y	T	E	W	H	N	A	T	R	A	J	H	N	Đ	A	N
W	Ó	F	O	R	R	I	T	S	V	Ó	X	G	I	K	S
T	R	H	E	I	L	S	A	X	Đ	L	V	F	I	Í	A
D	Þ	N	Æ	R	I	N	G	Z	Ö	A	X	Y	E	L	E
A	Í	H	H	G	H	P	Y	N	V	B	I	B	E	I	D

ÍÞRÓTTAMAÐUR
DANSA
GETU
HJARTA
HJÓLA
LÍKAMI
ÍÞRÓTTIR
MATARÆÐI
ÞJÁLFARI
TEYGJA
STYRKUR
BEIN
HÁMARKA
EFNASKIPTI
VÖÐVA
AÐ SYNDA
NÆRING
FORRIT
ÞREK
HEILSA

76 - Actividades y Ocio

F	E	R	Ð	A	S	T	G	O	L	F	K	M	V	C	S
A	F	S	L	A	P	P	A	N	D	I	Ö	Á	E	R	G
J	Ð	D	A	T	E	U	G	X	Ð	T	F	L	R	F	S
K	M	Æ	F	R	E	X	T	Þ	S	L	U	V	S	O	X
R	A	N	J	U	A	N	L	Y	U	O	N	E	L	Z	B
Y	Þ	P	H	T	P	B	N	I	N	B	L	R	A	Y	G
Ð	E	N	G	S	Ú	U	K	I	D	U	R	K	Y	R	Ö
R	J	J	A	K	K	X	O	Q	S	F	B	N	O	V	N
A	L	Á	M	A	G	U	H	Á	J	R	P	N	Y	Z	G
G	D	L	U	P	W	N	N	L	Y	Ö	Z	O	E	F	U
U	I	R	F	P	Þ	P	R	R	Ð	K	A	C	W	W	F
O	Ð	F	R	A	K	I	E	L	A	F	E	N	H	L	E
L	I	S	T	K	H	A	F	N	A	B	O	L	T	I	R
W	E	I	A	C	N	Y	Y	N	B	L	A	K	U	S	Ð
U	V	W	R	Þ	P	N	F	Ó	T	B	O	L	T	I	I
V	D	J	K	R	K	Ð	L	Y	R	A	F	Y	G	P	R

ÁHUGAMÁL
LIST
KÖRFUBOLTI
HAFNABOLTI
HNEFALEIKAR
KÖFUN
ÚTJÆÐA
KAPPAKSTUR
VERSLA
FÓTBOLTI
GOLF
GARÐYRKJA
SUND
VEIÐI
MÁLVERK
AFSLAPPANDI
GÖNGUFERÐIR
TENNIS
FERÐAST
BLAK

77 - Ingeniería

Þ	V	E	R	M	Á	L	J	I	Þ	K	B	I	D	W	Q
D	N	Y	M	R	A	G	N	I	R	Ý	K	S	Ý	P	C
K	Í	F	C	P	J	N	S	Ð	G	Q	Z	P	P	U	H
A	M	S	N	X	Ý	I	G	Í	J	B	I	E	T	R	Þ
R	K	Á	E	I	N	N	Y	M	P	K	E	W	Y	L	Y
R	Q	T	Q	L	K	Ú	B	S	V	U	C	X	V	N	U
C	Q	P	Y	Ð	É	N	Y	T	O	N	C	E	O	H	Y
Þ	U	C	C	B	F	V	G	N	I	L	Æ	M	B	I	C
Þ	Ð	J	R	U	U	J	G	N	I	F	I	E	R	D	N
M	N	S	U	I	I	K	I	E	L	G	U	Ð	Ö	T	S
Ó	O	R	K	A	G	G	N	I	N	K	I	E	R	T	Ú
T	I	Y	R	D	J	N	G	N	Q	H	R	X	K	K	H
O	F	J	Y	A	L	U	A	T	H	O	Þ	V	R	M	H
R	Y	V	T	N	H	M	F	T	Y	R	Y	V	P	C	Þ
O	K	S	S	S	Z	B	W	L	S	N	U	F	J	L	Z
P	V	H	O	D	F	L	J	Ó	T	A	N	D	I	N	H

HORN
ÚTREIKNING
SMÍÐI
SKÝRINGARMYND
ÞVERMÁL
DÍSEL
DREIFING
ÁS
ORKA
STÖÐUGLEIKI
BYGGING
NÚNING
STYRKUR
FLJÓTANDI
VÉL
MÆLING
MÓTOR
STANGIR
DÝPT
KNÝJA

78 - Comida #1

E	K	P	U	Q	W	Đ	T	Ú	N	F	I	S	K	U	R
U	J	R	D	S	Q	V	O	Y	A	Đ	Y	V	H	R	G
E	Ö	U	P	A	Y	W	I	F	N	Y	W	P	Þ	A	O
R	T	L	A	S	M	W	I	C	I	Æ	R	F	J	E	J
L	D	V	P	Y	K	M	I	U	M	G	P	U	Z	I	A
W	I	Y	Ú	M	E	G	D	X	L	J	A	A	L	B	R
J	Q	N	S	R	U	Z	L	V	D	P	H	R	E	X	Đ
Y	E	L	A	U	K	U	R	W	Đ	G	E	E	S	A	A
N	F	I	X	K	L	Ó	J	M	V	D	E	P	P	P	R
G	S	S	F	U	N	Ó	R	T	Í	S	O	P	Í	K	B
N	T	A	L	A	S	G	L	X	C	S	H	G	N	U	E
S	C	B	G	L	S	G	N	A	F	Y	Þ	U	A	O	R
A	V	U	U	T	N	Y	M	N	A	T	Q	L	T	K	X
F	W	T	D	Í	A	B	K	A	W	L	O	R	Q	P	J
A	P	R	S	V	I	B	N	U	P	D	Y	Ó	S	G	M
C	U	Q	L	H	C	L	S	L	R	J	V	T	F	C	P

HVÍTLAUKUR
BASIL
TÚNFISKUR
SYKUR
KANIL
KJÖT
BYGG
LAUKUR
SALAT
SPÍNAT
JARÐARBER
SAFA
MJÓLK
SÍTRÓNU
MYNTU
NÆPA
PERA
SALT
SÚPA
GULRÓT

79 - Antigüedades

A	X	U	T	L	L	A	M	A	G	A	L	L	E	R	Í
A	X	H	L	Y	P	Z	G	M	G	T	W	A	J	V	H
M	W	L	A	V	J	X	O	U	Đ	U	D	A	X	K	L
Z	I	Z	G	T	G	E	L	U	J	N	E	V	Ó	K	Þ
Þ	F	A	G	Q	L	Í	T	S	S	L	K	V	O	Q	T
O	M	A	E	N	Æ	I	V	U	C	E	I	H	Ö	L	Đ
L	G	N	I	T	S	E	F	R	Á	J	F	Ú	D	L	P
L	I	S	T	W	I	G	U	T	A	R	Á	S	J	J	D
S	A	U	T	X	L	Đ	Z	D	A	E	Đ	G	L	Đ	X
E	G	N	S	I	E	R	R	U	D	N	E	Ö	K	V	Þ
T	K	U	C	Đ	G	E	D	N	Y	M	G	G	Ö	H	U
Q	L	T	S	Æ	U	V	C	H	U	B	Y	N	A	V	P
M	I	O	A	G	R	N	B	G	D	C	T	N	N	I	P
D	S	K	R	E	Y	T	I	N	G	A	R	M	T	R	B
S	K	A	R	T	G	R	I	P	I	R	Þ	Þ	P	Đ	O
E	M	I	J	Z	K	L	P	L	A	E	E	W	O	I	Đ

LIST
EKTA
GÆÐI
SKREYTINGAR
ÁRATUGI
GLÆSILEGUR
HÖGGMYND
STÍL
GALLERÍ
ÓVENJULEGT
FJÁRFESTING
SKARTGRIPIR
MYNT
HÚSGÖGN
VERÐ
ENDURREISN
ÖLD
UPPBOÐ
VIRÐI
GAMALL

80 - Literatura

E	A	G	A	S	D	L	Á	K	S	Z	G	U	F	S	S
R	Ð	R	P	B	I	W	A	P	J	T	R	S	H	Ö	K
U	A	J	F	W	C	H	V	M	G	A	E	P	Y	G	Á
S	T	Í	L	Q	T	G	Z	V	O	Æ	I	T	T	U	L
Z	S	H	Ö	F	U	N	D	U	R	V	N	X	N	M	D
G	R	L	U	D	I	I	M	J	A	I	I	U	C	A	S
V	U	Y	J	X	S	S	S	B	G	S	N	M	R	Ð	K
W	Ð	J	Q	Ó	U	Ý	W	Ð	N	A	G	K	U	U	A
O	I	H	K	X	Ð	L	X	W	I	G	Ð	Q	K	R	P
I	N	V	S	Y	Æ	R	D	P	K	A	V	S	I	O	U
T	A	K	T	U	R	L	Æ	I	Í	O	Þ	F	E	Ð	R
R	Þ	D	P	J	M	U	J	N	L	X	W	Ð	L	I	G
I	Þ	J	E	T	U	L	Ð	Ó	E	W	Þ	E	M	A	W
Y	E	Q	V	I	M	D	H	X	Ð	K	G	D	R	Í	G
S	A	M	A	N	B	U	R	Ð	U	R	A	M	A	E	R
M	Y	N	D	L	Í	K	I	N	G	H	K	P	H	F	I

LÍKINGAR
GREINING
E.
HÖFUNDUR
ÆVISAGA
SAMANBURÐUR
NIÐURSTAÐA
LÝSING
UMRÆÐU
STÍL
SKÁLDSKAPUR
MYNDLÍKING
SÖGUMAÐUR
SKÁLDSAGA
LJÓÐ
LJÓÐRÆN
RÍM
TAKTUR
ÞEMA
HARMLEIKUR

81 - Química

F	N	K	H	P	Q	A	Z	Ð	Ð	H	Þ	T	C	Þ	G
L	G	H	O	T	Q	M	E	G	S	Ú	R	E	F	N	I
J	H	N	Þ	L	D	O	U	Ö	V	E	T	N	I	Ó	T
Ó	V	W	R	A	E	E	D	R	H	V	A	T	I	J	S
T	B	T	N	S	G	F	G	B	M	G	M	M	I	A	A
A	H	S	C	X	M	M	N	Ð	Q	G	L	Þ	H	S	T
N	Y	V	E	S	A	R	Y	I	O	I	Á	E	O	P	I
D	W	J	U	L	T	G	Þ	V	E	U	M	S	N	T	H
I	E	U	Z	C	G	A	M	D	N	R	C	I	Ð	G	U
B	Þ	C	P	J	A	B	A	N	S	P	S	Þ	G	F	J
C	N	M	Q	Ð	J	A	J	I	Í	H	E	Y	B	B	H
K	Z	S	B	S	H	H	Y	E	M	C	B	E	X	H	N
M	L	C	F	Ý	K	Ð	G	M	R	A	F	E	I	N	D
E	Q	Ó	R	R	L	Q	L	A	T	I	H	N	V	A	E
L	A	G	R	A	R	R	Ú	S	S	S	G	E	E	T	Þ
A	K	J	A	R	N	O	R	K	U	N	I	E	R	X	L

SÚR
SÝRA
HITA
KOLEFNI
HVATI
KLÓR
RAFEIND
ENSÍM
GAS
VETNI
JÓN
FLJÓTANDI
MÁLMA
SAMEIND
KJARNORKU
SÚREFNI
ÞYNGD
VIÐBRÖGÐ
SALT
HITASTIG

82 - Gobierno

R	R	E	J	B	X	Y	K	R	S	X	T	S	U	B	E
U	É	É	U	M	R	Æ	Ð	A	J	S	Á	T	M	O	L
G	D	T	T	R	Æ	Ð	U	H	Á	T	K	J	D	R	Z
E	D	Ó	T	T	N	I	G	I	L	J	N	Ó	Æ	G	A
L	V	I	M	L	I	K	S	Þ	F	Ó	R	R	M	A	Z
Ð	Y	J	P	S	Æ	N	M	R	S	R	Þ	N	I	R	V
Ó	D	L	Q	S	Q	T	D	R	T	N	J	A	Y	A	I
J	S	G	U	N	F	N	I	I	Æ	M	Ó	R	Z	L	T
Þ	I	S	L	E	R	F	K	T	Ð	Á	Ð	S	L	E	T
H	Y	X	Ö	N	K	Z	Í	T	I	L	V	K	E	G	X
S	F	C	G	Z	C	M	R	É	D	J	L	R	I	W	S
M	I	N	N	I	S	M	E	R	K	I	G	Á	Ð	P	N
L	Ý	Ð	R	Æ	Ð	I	D	N	D	Ð	L	S	T	L	E
R	Q	Z	H	I	A	B	J	F	C	A	G	C	O	F	H
H	Þ	I	Y	N	N	Q	N	A	T	L	U	L	G	J	K
M	Q	U	S	S	L	H	Þ	J	Q	G	X	R	I	F	V

BORGARALEG
STJÓRNARSKRÁ
LÝÐRÆÐI
RÉTTINDI
RÆÐU
UMRÆÐA
UMDÆMI
RÍKI
JAFNRÉTTI
SJÁLFSTÆÐI
DÓMS
RÉTTLÆTI
LÖG
FRELSI
LEIÐTOGI
MINNISMERKI
ÞJÓÐLEGUR
ÞJÓÐ
STJÓRNMÁL
TÁKN

83 - Clima

S	Í	X	M	E	M	O	N	S	Ú	N	Þ	Þ	T	P	T
W	T	Þ	C	T	L	Z	M	I	U	E	U	U	O	O	R
H	N	O	F	H	L	R	E	Ð	E	M	R	R	R	L	O
V	I	L	R	L	H	M	L	A	C	I	R	R	N	A	P
U	I	R	A	M	Ó	J	S	K	Q	Z	T	K	A	R	I
I	V	Þ	F	D	U	Ð	U	D	W	P	N	A	D	U	C
B	Z	U	R	F	O	R	E	R	R	E	B	R	O	M	A
S	E	A	U	D	E	E	L	U	A	L	O	G	P	U	L
T	K	E	Ð	H	G	L	J	D	K	D	T	F	Ð	R	U
R	A	J	E	Y	W	H	L	N	Ó	I	U	Y	P	Þ	J
B	E	Ð	V	Ð	A	W	A	I	Þ	N	N	I	M	I	H
H	I	T	A	S	T	I	G	V	B	G	B	N	X	S	U
G	E	G	A	A	I	M	D	W	S	Y	R	P	Z	P	I
C	T	L	W	P	X	U	Ð	W	K	C	L	C	I	K	U
S	T	J	Ó	R	N	M	Á	L	Ý	W	H	U	L	D	N
S	Þ	C	V	U	K	Y	T	Ð	Ð	F	U	Ð	R	Y	J

STJÓRNMÁL
GOLA
HIMINN
VEÐURFAR
ÍS
FELLIBYLUR
FLÓÐ
MONSÚN
ÞÓKA
SKÝ
POLAR
ELDING
ÞURRT
ÞURRKAR
HITASTIG
STORMUR
TORNADO
TROPICAL
ÞRUMUR
VINDUR

84 - Comida #2

M	I	L	E	T	H	T	S	Ú	K	K	U	L	A	Ð	I
K	Ö	S	R	Q	V	V	Ó	L	G	V	I	N	T	O	S
I	P	N	I	P	E	U	F	M	O	Z	Þ	B	V	I	Ó
R	V	C	L	O	I	R	S	G	A	Þ	K	C	N	Ð	L
S	Þ	D	P	U	T	K	D	U	O	T	K	Í	V	Í	B
U	N	R	E	F	I	G	N	E	T	F	V	V	X	R	L
B	I	J	Z	Z	H	R	Í	S	G	R	J	Ó	N	S	Ó
E	D	Ó	Ð	C	L	B	E	Þ	B	A	N	A	N	I	M
R	L	G	A	N	S	J	K	W	I	V	Ð	W	Ð	I	L
Z	A	Ú	J	L	T	T	N	G	K	V	V	N	O	X	R
V	G	R	Ð	B	X	U	K	X	L	D	A	F	J	S	C
N	G	T	U	Í	R	E	L	L	E	S	Þ	R	Y	I	O
D	E	V	J	B	F	A	A	R	T	I	H	O	K	E	S
A	G	U	B	U	Ð	K	U	E	H	A	C	I	B	H	T
A	G	N	T	Z	G	W	C	Ð	Z	P	Ð	M	S	A	U
K	J	Ú	K	L	I	N	G	U	R	E	B	N	Í	V	R

ARTIHOKE
MÖNLU
SELLERÍ
HRÍSGRJÓN
EGGALDIN
KIRSUBER
SÚKKULAÐI
SÓLBLÓM
EGG
ENGIFER
KÍVÍ
EPLI
BRAUÐ
BANANI
KJÚKLINGUR
OSTUR
TÓMAT
HVEITI
VÍNBER
JÓGÚRT

85 - Arte

E	F	N	I	W	I	J	C	B	Z	H	X	Y	L	V	S
U	D	N	Y	M	G	G	Ö	H	M	X	M	V	Ý	X	J
Ð	N	R	U	T	S	Á	L	B	N	N	I	Z	S	X	Ó
A	Y	Þ	A	C	Ð	I	K	Ó	L	F	M	E	A	L	N
S	M	J	D	T	G	E	L	U	N	Ó	S	R	E	P	R
P	E	S	K	A	P	N	C	A	Z	J	Y	H	V	S	Æ
F	P	G	T	G	C	K	I	F	E	N	F	R	Þ	M	N
J	U	G	Ð	Ó	J	L	E	O	K	R	E	V	L	Á	M
Y	M	F	T	C	G	J	Þ	R	Z	N	R	H	K	U	K
Ð	W	V	E	Y	A	F	Þ	X	A	J	J	Ú	T	F	D
L	I	S	T	Á	K	N	L	A	N	M	F	T	S	B	X
H	E	I	Ð	A	R	L	E	G	U	R	I	Y	K	D	S
Y	Þ	U	L	L	E	I	N	F	A	L	T	K	G	O	B
E	C	I	J	N	S	A	M	S	E	T	N	I	N	G	C
L	H	O	R	I	G	I	N	L	E	G	T	W	P	Q	O
J	Q	P	C	O	S	S	I	T	N	B	S	C	T	N	K

KERAMIK
FLÓKIÐ
SAMSETNING
HÖGGMYND
SEGÐ
MYND
HEIÐARLEGUR
SKAP
INNBLÁSTUR
ORIGINLEGT
PERSÓNULEGT
MÁLVERK
LJÓÐ
LÝSA
EINFALT
TÁKN
SÚRREALISMI
EFNI
SJÓNRÆN

86 - Diplomacia

F	V	Z	Y	D	U	Ð	G	M	A	N	N	R	Æ	Ð	I
Y	S	A	U	N	S	Y	V	A	F	W	Z	Ð	F	K	L
S	Q	J	X	I	L	D	K	O	I	O	J	Z	Q	G	A
P	A	Ð	Æ	R	M	U	E	R	L	E	N	D	U	M	U
L	Á	M	U	G	N	U	T	X	Á	S	U	J	B	V	S
S	R	D	S	I	Q	Z	R	O	M	E	T	L	O	M	N
T	Í	I	I	T	I	X	W	Þ	T	N	K	W	V	Z	S
J	K	P	C	Æ	A	I	M	U	T	D	Y	Ö	G	B	E
Ó	I	L	Ö	L	H	R	I	R	Á	I	L	D	T	F	N
R	S	O	R	T	E	L	F	H	S	R	Á	N	G	Á	D
N	S	M	Y	T	I	V	A	E	D	Á	D	N	W	E	I
M	T	A	G	É	L	P	J	I	K	Ð	Þ	V	P	D	H
Á	J	T	G	R	I	M	G	A	L	É	F	M	A	S	E
L	Ó	I	I	A	N	I	Ð	Æ	R	F	Ð	I	S	X	R
I	R	C	A	Z	D	W	Á	F	F	S	U	J	J	X	R
L	N	H	A	K	I	U	R	O	I	Þ	M	L	G	Z	A

RÁÐGJAFI
SAMFÉLAG
ÁTÖK
SAMSTARF
DIPLOMATIC
UMRÆÐA
SENDIRÁÐ
SENDIHERRA
ERLENDUM
SIÐFRÆÐI
RÍKISSTJÓRN
MANNRÆÐI
TUNGUMÁL
HEILINDI
RÉTTLÆTI
STJÓRNMÁL
ÁLYKTUN
ÖRYGGI
LAUSN
SÁTTMÁLI

87 - Herboristería

P	Y	M	R	H	F	I	Þ	Ð	V	G	C	M	L	Y	S
B	L	I	S	A	B	B	G	H	Þ	G	O	A	O	D	A
W	R	A	M	Y	N	T	U	I	X	J	V	T	F	A	F
J	U	A	N	O	G	A	R	T	S	E	E	R	N	Q	F
T	K	E	G	T	F	E	R	B	X	E	N	E	A	F	R
H	U	K	J	Ð	A	E	O	I	P	E	A	I	R	E	A
X	A	Y	U	C	N	Z	N	D	W	B	S	Ð	B	F	N
Y	L	Y	A	J	L	E	S	N	I	E	T	S	L	N	Þ
N	T	R	R	D	P	O	R	A	E	P	T	L	Ó	I	O
N	Í	R	A	M	S	Ó	R	M	Ó	L	B	U	M	O	Q
J	V	U	G	R	Æ	N	T	L	Ð	L	I	K	P	T	N
E	H	Ð	S	Q	N	P	Y	I	D	I	G	Æ	Ð	I	B
M	A	R	J	O	R	A	M	T	M	D	G	Y	T	J	Y
Z	Y	A	A	F	L	V	U	F	R	I	O	P	F	C	Q
X	I	G	A	D	J	Ð	J	Q	H	X	Ð	I	C	A	U
T	U	P	U	Ð	D	O	V	F	K	Þ	X	O	K	Q	Q

HVÍTLAUKUR
BASIL
ILMANDI
SAFFRAN
GÆÐI
MATREIÐSLU
DILL
ESTRAGON
BLÓM
FENNEL

EFNI
GARÐUR
LOFNARBLÓM
MARJORAM
MYNTU
STEINSELJA
PLANTA
RÓSMARÍN
BRAGÐ
GRÆNT

88 - Energía

K	I	E	H	Y	B	Z	V	E	Y	A	L	Z	Þ	U	Ó
O	U	X	Þ	G	P	E	H	I	Z	H	J	F	T	Þ	R
L	E	S	Í	D	J	N	N	X	X	Þ	Ó	T	F	R	E
E	C	Z	S	U	F	P	R	S	X	B	S	S	C	Y	I
F	I	Ð	N	A	Ð	U	R	U	Í	T	E	Ó	F	F	Ð
N	Y	C	G	P	T	G	S	P	D	N	I	L	C	M	A
I	K	J	A	R	N	O	R	K	U	K	N	F	M	O	T
T	N	L	M	N	C	K	E	R	F	B	D	F	J	V	I
Y	G	U	F	U	Í	I	X	U	A	G	A	K	O	I	H
E	V	V	A	R	Y	B	G	Z	N	F	L	U	N	N	H
N	H	R	R	Ð	L	I	R	P	V	Y	H	E	Þ	D	L
S	R	A	F	E	I	N	D	Ú	X	Z	Q	L	W	U	F
D	U	M	W	W	M	E	R	O	T	Ó	M	I	A	R	M
L	E	N	D	U	R	N	Ý	J	A	N	L	E	G	Ð	K
E	G	O	Ð	T	M	E	S	T	Ð	E	Y	W	L	B	A
M	E	N	G	U	N	V	E	T	N	I	Q	G	P	O	R

RAFHLAÐA
HITA
KOLEFNI
ELDSNEYTI
MENGUN
DÍSEL
RAFEIND
RAFMAGNS
ÓREIÐA
LJÓSEIND
BENSÍN
VETNI
IÐNAÐUR
MÓTOR
KJARNORKU
ENDURNÝJANLEG
SÓL
TÚRBÍNA
GUFU
VINDUR

89 - Insectos

F	Z	G	H	M	H	V	P	Z	G	T	Z	N	M	B	E
I	Z	X	A	C	E	T	I	M	R	E	T	Y	A	J	N
Đ	T	P	E	W	O	S	S	I	T	N	A	M	U	A	G
R	C	I	C	A	D	A	Ú	Z	W	R	S	G	R	L	I
I	N	T	D	O	K	Ó	L	F	L	O	X	E	U	L	S
L	Ö	M	R	P	F	W	U	I	W	H	A	I	M	A	P
D	I	S	A	P	O	Z	T	K	R	S	R	T	R	L	R
I	D	J	G	R	Z	J	N	K	U	V	V	U	O	Ú	E
Z	I	N	O	Đ	V	I	Ö	A	P	L	A	N	Y	K	T
D	Q	Đ	N	X	Q	X	L	L	Í	B	I	G	N	S	T
F	D	E	F	C	M	Y	P	A	R	L	Þ	U	Z	A	U
L	L	Z	L	A	M	L	Þ	K	F	M	T	R	Z	R	R
B	N	U	Y	D	P	H	U	K	Q	D	P	U	G	G	D
Z	R	U	G	I	A	O	B	A	R	C	H	D	E	T	B
I	Þ	K	R	A	Þ	G	I	K	C	K	P	Y	S	V	Þ
Z	Q	Q	Q	N	L	G	Q	P	E	T	Q	U	K	K	M

BÍ
GEITUNGUR
HORNET
PLÖNTULÚS
CICADA
KAKKALAKKI
BJALLA
ORMUR
MAUR
ENGISPRETTUR
LIRVA
DRAGONFLY
MANTIS
FIÐRILDI
FRÍPUR
FLUGA
MÖL
FLÓ
GRASKÚLA
TERMITE

90 - Especias

B	K	Þ	S	O	J	K	S	X	Y	R	V	P	K	R	G
P	Ú	R	A	P	F	A	K	I	R	P	A	P	Y	U	H
C	M	F	O	H	U	N	A	R	F	F	A	S	A	T	V
B	E	N	R	O	D	I	Q	S	R	Q	M	Í	S	Æ	Í
R	N	Þ	P	C	C	L	J	Í	A	U	Ð	R	Ú	S	T
W	Þ	P	Y	X	A	F	C	N	P	L	J	K	D	Z	L
E	N	M	S	N	Z	E	E	A	I	L	T	K	C	L	A
D	N	Ð	A	Þ	B	N	F	K	P	I	A	A	O	Þ	U
R	U	G	M	U	X	N	B	M	U	N	K	L	P	I	K
P	V	A	I	S	S	E	Ð	X	E	A	S	D	Þ	L	U
N	C	R	A	F	K	L	H	O	E	V	Ú	D	Q	L	R
N	E	B	R	Y	E	O	R	T	Ð	C	M	X	N	M	U
V	C	G	S	Q	Ý	R	R	A	K	U	X	I	Z	V	K
Q	D	R	U	T	I	B	T	M	Ð	C	O	S	Z	X	U
S	E	D	R	L	G	Z	R	J	M	Ð	V	Z	L	A	A
E	L	V	X	T	L	B	W	A	D	Q	U	Þ	Q	J	L

SÚR
HVÍTLAUKUR
BITUR
ANÍS
SAFFRAN
KANIL
LAUKUR
NEGULL
KÚMEN
KARRÝ
SÆTUR
FENNEL
ENGIFER
MÚSKAT
PAPRIKA
PIPAR
LAKKRÍS
BRAGÐ
SALT
VANILLU

91 - Emociones

Þ	Đ	Z	W	B	E	H	L	V	G	S	O	R	G	H	I
R	H	Đ	Y	D	N	R	J	A	T	L	D	O	F	L	H
G	Ó	Đ	V	I	L	D	K	N	U	W	E	R	S	E	X
Y	R	Ú	Q	P	P	L	Y	D	J	O	W	Đ	Z	I	S
E	Y	M	S	L	I	O	F	R	Q	X	M	O	I	Đ	Æ
A	G	A	G	O	T	G	R	Æ	Z	Y	M	Đ	X	I	L
P	F	S	M	Y	T	N	I	Đ	I	E	R	F	I	N	A
C	X	S	A	X	Ó	Đ	Đ	A	Q	F	X	L	W	D	Þ
N	P	T	L	G	V	T	U	L	R	M	N	É	Đ	I	A
E	F	N	I	A	A	U	R	E	Ó	H	C	T	S	Á	K
C	Y	N	X	Z	P	L	K	G	Y	B	H	T	G	R	K
I	L	E	E	W	U	P	N	U	U	Q	P	I	W	Y	L
M	R	P	H	G	N	C	A	R	F	H	R	R	Z	J	Á
T	V	S	Đ	D	X	B	O	Đ	R	I	G	U	U	L	T
F	U	L	L	N	Æ	G	T	L	U	C	H	L	K	F	U
Þ	P	Q	A	T	Þ	G	W	Z	P	R	R	V	D	K	R

LEIÐINDI
ÞAKKLÁTUR
GLEÐI
LÉTTIR
ÁST
VANDRÆÐALEGUR
SÆLA
GÓÐVILD
LOGN
EFNI
SPENNT
REIÐI
ÓTTI
FRIÐUR
AFSLAPPAÐUR
FULLNÆGT
SAMÚÐ
EYMSLI
RÓ
SORG

92 - Universo

N	Ð	Y	M	S	M	Á	S	T	I	R	N	I	S	Ó	L
H	A	D	D	I	E	R	B	X	Q	D	O	T	S	O	J
N	B	S	W	O	Ð	A	P	H	H	J	E	T	T	T	D
H	O	I	O	M	Q	B	A	E	J	A	A	O	J	L	G
S	Y	Þ	T	H	M	J	A	U	Y	S	T	X	Ö	X	S
I	T	E	N	M	I	H	A	U	A	R	A	Ð	R	A	J
S	U	J	S	Ð	E	W	R	N	G	Z	L	G	N	U	T
Ó	A	M	Ó	Ý	L	O	R	R	A	U	S	G	U	C	W
L	R	Y	S	R	N	N	K	A	Þ	K	R	A	F	P	T
S	B	R	X	O	N	L	Z	O	X	E	C	L	R	Z	L
T	R	K	H	V	N	M	E	V	W	W	M	A	Æ	Þ	M
Ö	O	U	G	I	I	Q	Á	G	K	A	R	X	Ð	Þ	Þ
Ð	P	R	U	Z	M	V	P	L	T	G	Þ	Y	I	T	U
U	S	I	L	C	I	M	S	O	C	K	D	Ý	R	I	R
R	R	E	N	N	H	S	J	Ó	N	A	U	K	I	W	R
L	E	N	G	D	A	R	G	R	Á	Ð	U	Y	C	D	C

SMÁSTIRNI
STJÖRNUFRÆÐI
STJÓRNMÁL
HIMNETI
HIMINN
COSMIC
MIÐBAUGUR
EON
GALAXY
JARÐAR
BREIDD
LENGDARGRÁÐU
TUNGL
MYRKUR
SPORBRAUT
SÓL
SÓLSTÖÐUR
SJÓNAUKI
SÝNLEGT
DÝRIR

93 - Jazz

C	U	K	B	D	P	Á	G	C	R	U	E	P	X	H	K
J	K	V	G	H	L	I	H	U	E	Þ	Þ	M	S	Æ	N
Q	Q	Z	A	A	Ö	Á	X	E	S	P	U	N	I	F	T
E	N	K	D	S	T	A	K	H	R	V	I	M	S	I	Ó
L	N	Ý	T	T	U	H	H	S	D	S	Ð	L	A	L	N
L	A	R	T	R	N	H	L	W	N	R	L	L	M	E	L
I	E	G	Ó	D	O	T	B	N	U	Ó	Í	A	S	I	I
S	J	U	N	U	U	R	W	R	G	E	T	M	E	K	S
T	I	X	L	S	Z	O	K	F	E	G	S	A	T	I	T
A	Ð	Z	E	V	Y	M	W	A	T	A	K	G	N	N	H
M	I	B	I	L	S	M	E	T	S	Q	E	M	I	K	A
A	J	F	K	O	H	U	R	A	R	M	H	U	N	Æ	K
Ð	V	Þ	A	Z	P	R	U	G	Æ	R	F	R	G	T	A
U	C	X	R	H	L	J	Ó	M	S	V	E	I	T	D	X
R	K	J	G	X	T	A	K	T	U	R	D	U	Z	X	M
E	F	T	I	R	L	Æ	T	I	Y	U	Þ	M	A	U	T

LISTAMAÐUR
PLÖTU
LAG
SAMSETNING
TÓNSKÁLD
TÓNLEIKAR
STÍL
ÁHERSLA
FRÆGUR
EFTIRLÆTI
TEGUND
SPUNI
TÓNLIST
NÝTT
HLJÓMSVEIT
TAKTUR
HÆFILEIKI
TROMMUR
TÆKNI
GAMALL

94 - Mediciones

L	N	J	P	C	O	Đ	H	D	D	M	F	D	J	A	D
N	K	W	F	G	W	J	F	U	X	E	A	Đ	Á	R	G
B	L	E	N	G	D	U	H	G	Þ	S	T	P	Ý	D	N
K	Í	L	Ó	R	H	O	J	I	U	S	S	O	P	D	Y
M	J	B	R	E	I	D	D	Þ	X	I	A	L	N	L	Þ
U	Í	P	C	G	T	V	X	U	D	F	K	C	G	N	M
W	B	N	M	C	Æ	O	E	D	I	D	U	Đ	L	G	Æ
A	V	U	Ú	J	B	T	M	P	D	F	A	P	Q	R	L
P	D	Þ	I	T	R	T	E	M	I	T	N	E	S	A	I
Q	Z	J	U	G	A	W	Đ	D	U	L	J	Đ	A	M	R
K	Í	L	Ó	M	E	T	R	A	J	O	K	B	F	M	M
Đ	Z	A	F	J	E	X	N	N	O	W	Z	X	L	V	A
Z	M	J	D	C	E	H	Æ	Đ	Đ	X	L	Ú	N	S	A
H	Z	C	D	U	L	Q	J	E	N	B	Þ	J	Þ	C	O
L	Í	T	R	I	D	N	I	B	H	B	S	L	G	M	Þ
Đ	Q	X	B	G	J	S	W	Þ	S	N	X	M	W	P	L

HÆÐ
BREIDD
BÆTI
SENTIMETR
AUKASTAF
GRÁÐA
GRAMM
KÍLÓ
KÍLÓMETRA
LÍTRI
LENGD
MESSI
MÆLIR
MÍNÚTA
ÚNSA
ÞYNGD
DÝPT
TOMMU
TONN
BINDI

95 - Barcos

S	A	I	E	G	Đ	Z	H	L	H	Q	F	C	S	M	Y
X	N	K	F	A	K	M	J	V	N	C	J	M	T	U	M
I	N	A	K	E	M	A	S	T	U	R	Ö	P	Ö	Þ	B
R	A	J	Þ	E	R	E	U	Þ	P	U	R	Đ	Đ	I	U
S	M	A	R	R	R	J	Đ	Þ	W	D	U	N	U	Þ	C
J	Ó	K	S	J	Ó	I	A	O	Q	L	R	E	V	I	R
Ó	J	A	D	D	N	F	Ö	H	Á	Ö	U	Q	A	I	D
M	S	A	M	B	A	U	R	H	W	S	T	Y	T	J	F
A	H	F	Y	Đ	K	J	U	C	G	Đ	Á	L	N	Đ	N
Đ	B	D	Q	T	C	K	L	Đ	B	D	B	A	F	O	A
U	N	H	A	T	U	K	F	Y	L	V	L	R	L	S	N
R	U	N	I	Þ	N	E	Q	F	C	P	G	C	D	V	C
H	G	D	T	O	O	N	E	Þ	C	A	E	R	J	É	G
M	A	F	C	F	U	S	B	M	H	Þ	S	Þ	Q	L	K
Þ	P	F	K	B	K	H	S	G	C	A	I	J	H	P	T
Þ	O	U	X	L	W	S	F	L	E	K	I	P	I	E	R

AKKERI
FLEKI
BAU
KANÓ
REIPI
FERJA
KAJAK
STÖÐUVATN
SJÓ
FJÖRU
SJÓMAÐUR
MASTUR
VÉL
SJÓMANNA
HAF
ÖLDUR
RIVER
ÁHÖFN
SEGLBÁTUR
SNEKKJU

96 - Antártida

R	A	N	N	S	Ó	K	N	I	R	K	E	W	C	M	M
Þ	G	Đ	A	E	Z	O	F	A	Z	N	H	T	I	Ö	C
N	Y	I	K	F	E	R	Y	S	S	L	A	B	W	R	M
S	K	D	Q	L	Q	M	R	Q	Y	L	H	Z	X	G	O
P	P	Z	G	Ó	W	T	U	Í	W	E	V	O	C	Æ	H
Þ	G	A	X	I	G	G	G	Đ	S	K	Y	I	B	S	S
B	I	J	I	N	F	E	N	I	E	T	S	J	X	I	K
A	X	X	Þ	T	L	L	A	Đ	T	Đ	F	Z	A	R	A
F	U	G	L	A	R	D	Đ	Æ	Y	S	R	F	K	R	G
S	A	C	B	V	L	N	I	R	Z	E	A	O	G	U	I
S	K	Ý	W	X	Y	I	E	F	M	U	Đ	T	X	O	Þ
J	Ö	K	L	A	R	S	L	A	M	B	Z	S	I	C	X
J	I	P	A	D	N	Í	D	D	R	O	C	K	Y	H	U
Þ	I	Z	Đ	Đ	Đ	V	O	N	Á	L	F	U	N	N	I
P	D	A	P	C	V	N	G	A	L	S	D	N	A	L	K
U	H	K	B	E	A	E	S	L	V	E	R	N	D	U	N

VATN
FLÓI
VÍSINDLEGT
VERNDUN
ÁLFUNNI
COVE
LEIÐANGUR
LANDAFRÆÐI
JÖKLAR
ÍS
RANNSÓKNIR
EYJAR
STEINEFNI
SKÝ
FUGLAR
SKAGI
MÖRGÆSIR
ROCKY
HITASTIG
LANDSLAG

97 - Mamíferos

V	H	D	G	G	I	N	S	A	J	Y	N	J	U	Ú	O
H	Z	N	W	Ð	P	F	H	V	A	L	U	R	O	L	S
P	A	I	A	R	A	Í	F	H	Q	G	Ð	V	K	F	L
L	O	K	U	U	W	L	W	A	X	V	D	Þ	F	A	É
I	V	R	U	T	T	Ö	K	P	R	U	F	L	Ú	L	T
O	C	F	M	S	V	F	Ð	W	R	Í	J	C	K	D	T
Y	W	D	L	E	X	D	T	V	A	V	G	B	K	A	U
Y	F	J	H	H	G	Ó	R	I	L	L	A	U	A	M	Ú
P	A	Q	J	R	C	H	B	G	K	G	U	Þ	N	T	L
D	Y	Þ	X	M	C	G	W	C	J	E	X	V	Í	H	F
O	K	I	Þ	B	Ð	U	Y	M	Q	W	N	C	N	S	U
R	I	B	A	Q	Y	Ð	R	G	N	X	R	G	A	O	R
C	G	R	H	R	U	G	N	U	R	F	Ö	H	Ú	X	I
R	J	P	R	Ð	P	O	B	M	K	Y	J	I	F	R	O
H	U	N	D	U	R	W	C	O	S	N	B	G	E	J	A
Z	E	B	R	A	R	E	F	U	R	B	A	J	W	J	W

HVALUR
ASNI
HESTUR
ÚLFALDA
KENGÚRA
ZEBRA
KANÍNA
SLÉTTUÚLFUR
HÖFRUNGUR
FÍL

KÖTTUR
GÓRILLA
GÍRAFFI
ÚLFUR
API
BJÖRN
KIND
HUNDUR
NAUT
REFUR

98 - Boxeo

R	I	F	Q	N	M	I	B	Ð	W	N	E	K	A	O	K
V	G	Ó	R	H	Ó	L	A	V	J	P	H	P	B	A	U
R	U	K	R	Y	T	S	T	Þ	Q	D	Q	T	Y	T	O
B	Þ	U	Q	S	M	S	A	Q	W	Ð	X	K	M	J	U
B	Ú	S	R	U	Æ	L	Í	K	A	M	I	N	F	Æ	H
A	I	I	G	A	L	Y	Ð	F	L	P	S	M	K	X	H
R	L	P	N	V	A	K	R	A	P	S	D	T	P	H	W
D	P	I	R	N	N	U	E	L	F	A	Ó	U	I	U	Q
A	Y	E	O	R	D	W	C	L	L	Ð	M	E	G	G	P
G	K	R	H	G	I	R	C	A	J	Q	A	U	Y	A	G
A	Ð	S	I	G	F	E	F	J	Ó	L	R	H	J	K	Þ
M	D	L	N	Z	E	B	E	B	T	H	I	W	H	M	V
A	T	P	U	A	N	H	V	Y	U	K	C	H	Ö	N	O
Ð	O	E	M	R	H	I	Ð	R	R	Ð	J	R	K	F	Þ
U	B	G	Q	V	Þ	O	L	N	B	O	G	A	U	B	B
R	D	W	J	Y	K	Á	V	E	R	K	A	R	C	U	F

DÓMARI
HÖKU
BJALLA
FÓKUS
OLNBOGA
REIPI
LÍKAMI
HORN
BÚINN
STYRKUR
HANSKA
HÆFNI
ÁVERKAR
BARDAGAMAÐUR
MÓTMÆLANDI
SPARKA
STIG
HNEFI
FLJÓTUR
BATA

99 - Abejas

I	G	N	Æ	V	U	V	V	G	H	B	A	G	B	F	H
N	N	A	R	T	S	M	Ó	L	B	L	S	A	Đ	R	A
T	A	D	R	U	T	N	Ö	L	P	Ó	Y	G	B	Æ	S
Y	N	O	M	Đ	V	A	X	S	E	M	G	N	N	V	Ó
E	U	Y	S	E	U	L	F	T	K	N	M	L	T	U	L
R	H	I	W	R	L	R	G	R	X	O	D	E	D	N	Y
B	Ú	B	A	N	G	U	L	F	Ý	B	R	G	A	Z	P
L	T	X	L	Q	K	K	S	K	T	P	Đ	D	F	B	G
Ö	X	A	L	E	M	Y	Á	Đ	W	G	M	L	Ý	T	B
J	C	L	Q	M	Q	E	B	V	Đ	T	C	A	S	R	Z
F	B	M	A	T	U	R	I	P	Ö	J	Z	E	P	H	Þ
V	I	S	T	K	E	R	F	I	V	X	J	L	W	R	J
I	V	K	O	E	E	N	G	N	I	N	T	T	O	R	D
F	R	J	Ó	K	O	R	N	Đ	W	T	X	U	B	L	M
Y	K	V	I	K	F	G	O	G	Y	A	G	Þ	R	Y	I
X	B	V	X	Đ	H	D	X	G	J	N	Þ	S	N	F	Y

VÆNGI
GAGNLEG
VAX
BÝFLUGNABÚ
MATUR
FJÖLBREYTNI
VISTKERFI
KVIK
BLÓMSTRA
BLÓM
ÁVÖXTUR
REYKUR
SKORDÝR
GARÐUR
HUNANG
PLÖNTUR
FRJÓKORN
FRÆVUN
DROTTNING
SÓL

100 - Psicología

P	I	H	T	O	H	E	G	Đ	U	N	G	P	M	H	M
B	E	J	A	I	K	I	E	L	U	R	E	V	I	U	E
Z	U	R	M	P	L	Á	M	A	D	N	A	V	N	G	Đ
Q	J	A	S	V	A	F	I	R	H	Á	M	K	N	S	F
X	I	M	L	Ó	I	Z	I	F	U	B	I	U	I	A	E
Þ	R	U	V	K	N	T	Þ	N	A	X	Y	F	N	N	R
C	F	A	D	S	G	U	S	Đ	N	Z	O	N	G	I	Đ
F	L	R	R	Í	E	D	L	M	V	I	B	D	A	R	T
T	E	D	Y	N	R	S	U	E	U	B	N	Ó	R	Z	S
Á	T	Ö	K	Í	F	A	E	T	I	N	X	G	Y	B	L
P	B	R	J	L	I	E	U	W	X	K	I	E	A	C	J
E	A	K	A	K	S	Æ	N	R	A	B	I	G	E	R	V
C	Đ	C	O	M	Æ	H	U	G	M	Y	N	D	I	R	P
E	Z	Q	Q	T	R	E	Y	N	S	L	U	K	Q	O	W
Y	S	K	Y	N	J	U	N	Q	Z	H	F	Q	L	K	G
Đ	S	Þ	J	Đ	D	C	W	Z	A	A	Y	P	W	N	Z

KLÍNÍSK
VITSMUNI
HEGÐUN
ÁTÖK
EGÓ
TILFINNINGAR
MAT
REYNSLU
HUGMYNDIR
BARNÆSKA
ÁHRIF
HUGSANIR
SKYNJUN
PERSÓNULEIKI
VANDAMÁL
VERULEIKI
MINNINGAR
ÆSIFREGN
DRAUMAR
MEÐFERÐ

1 - Ajedrez

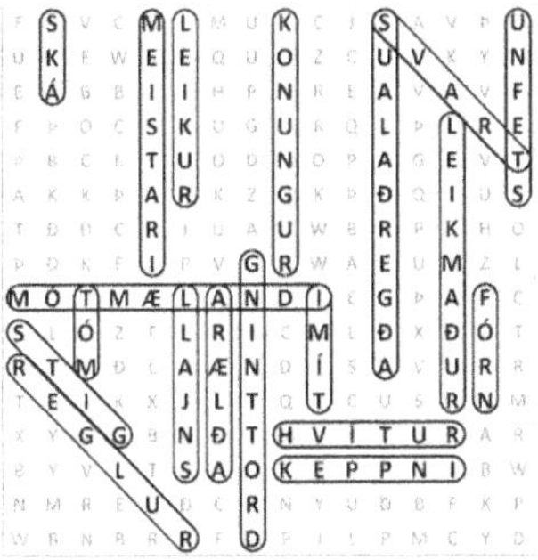

2 - Agua

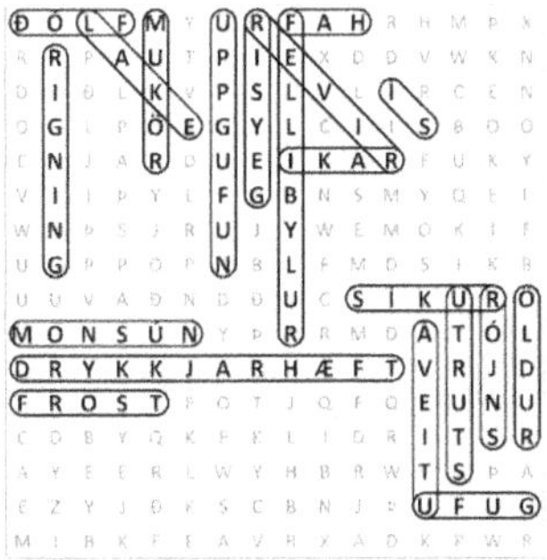

3 - Arqueología

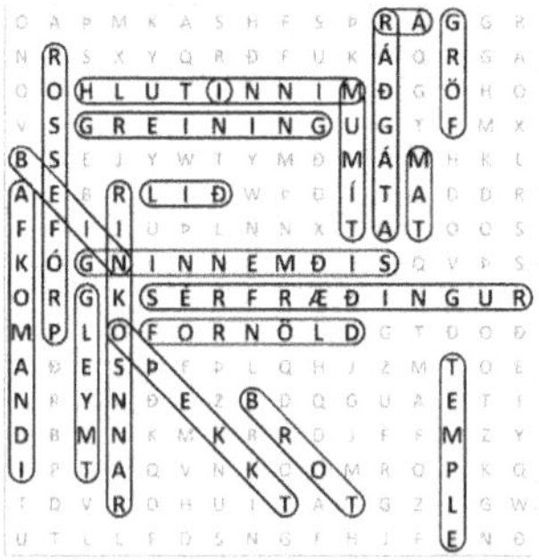

4 - Granja #2

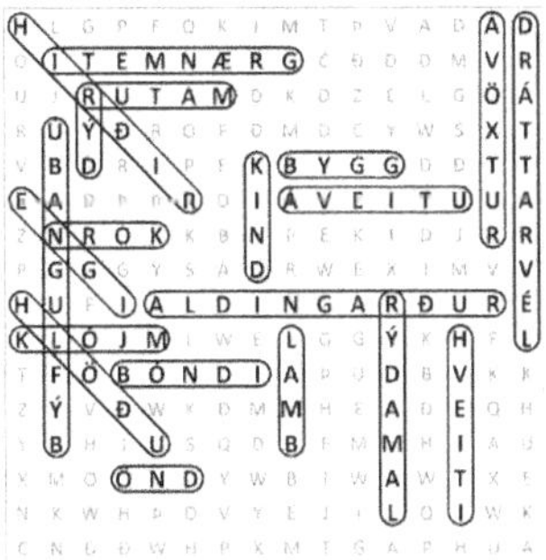

5 - La Empresa

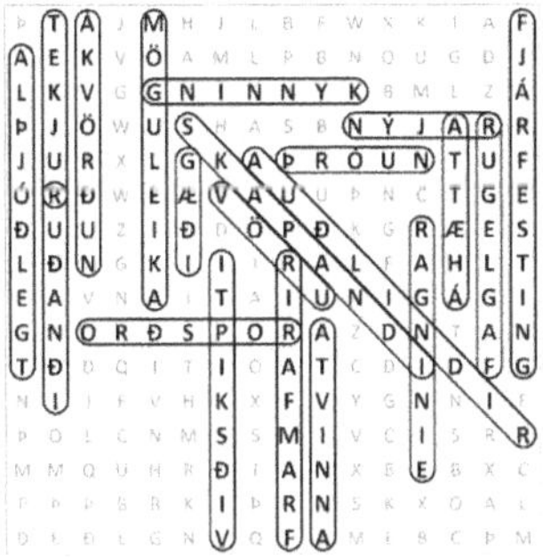

6 - Aviones

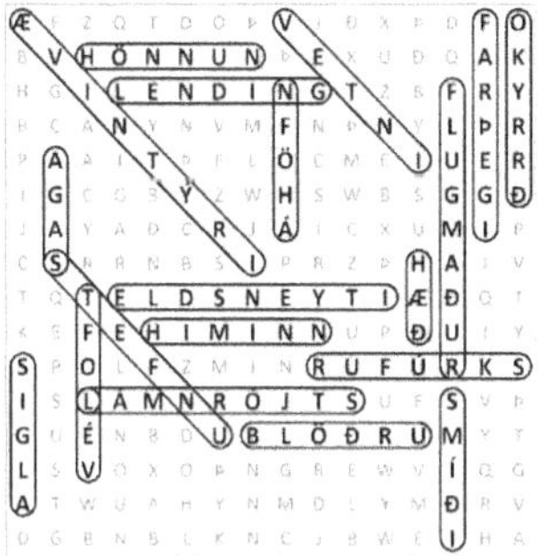

7 - Tipos de Cabello

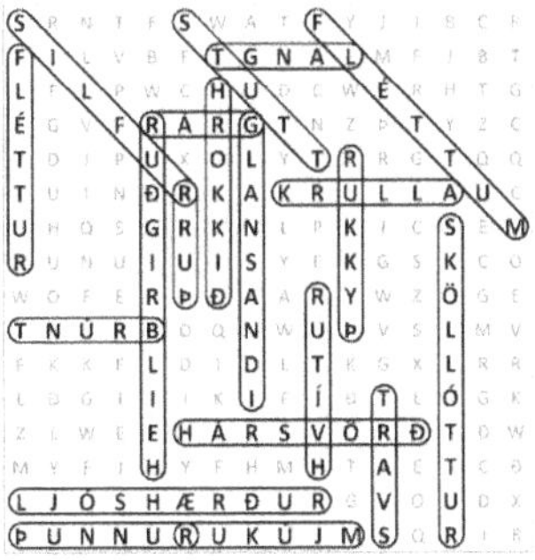

8 - Ciencia Ficción

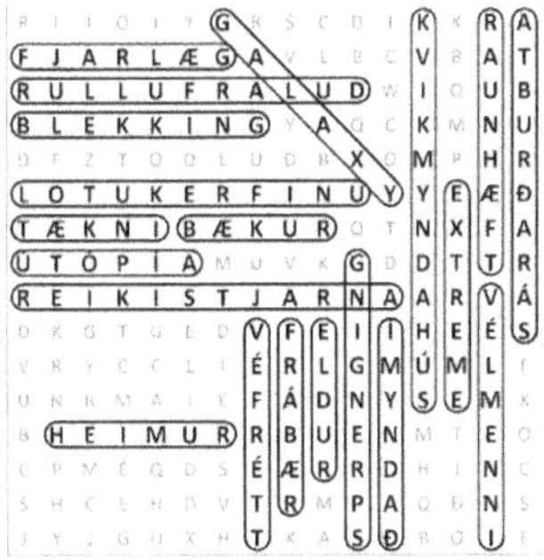

9 - Granja #1

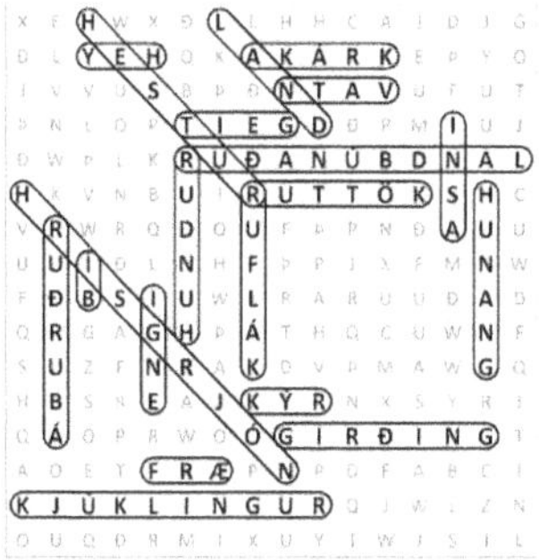

10 - Camping

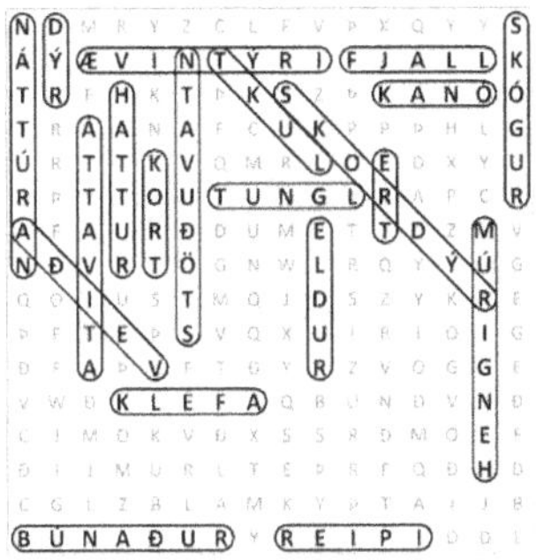

11 - Fruta

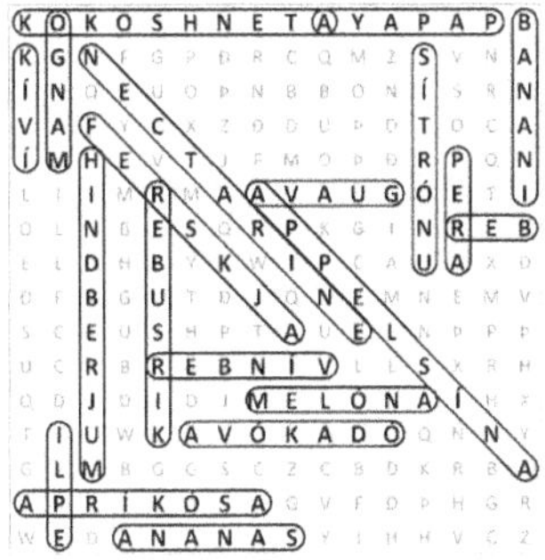

12 - Geología

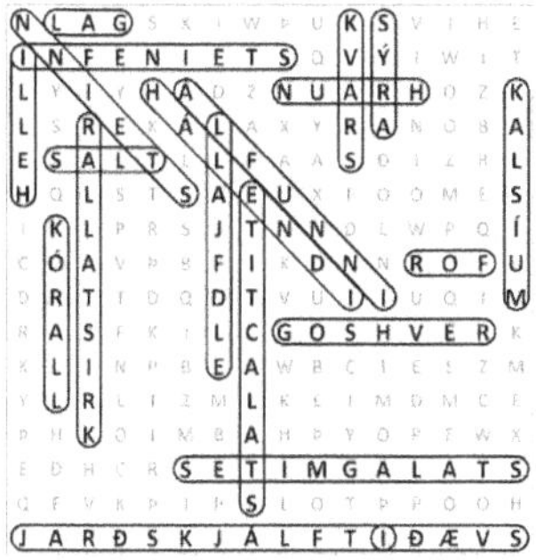

13 - Álgebra

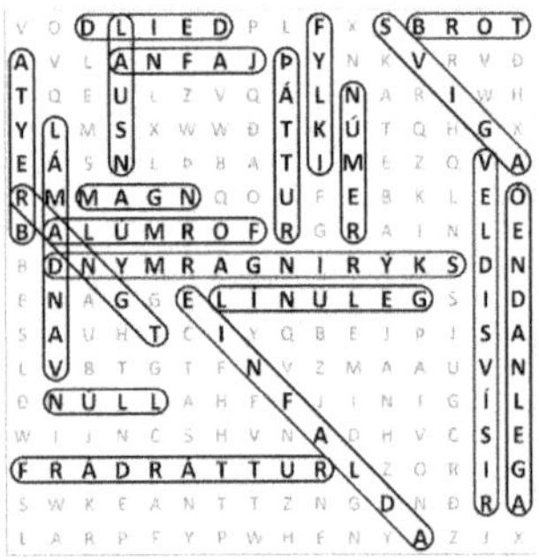

14 - Plantas

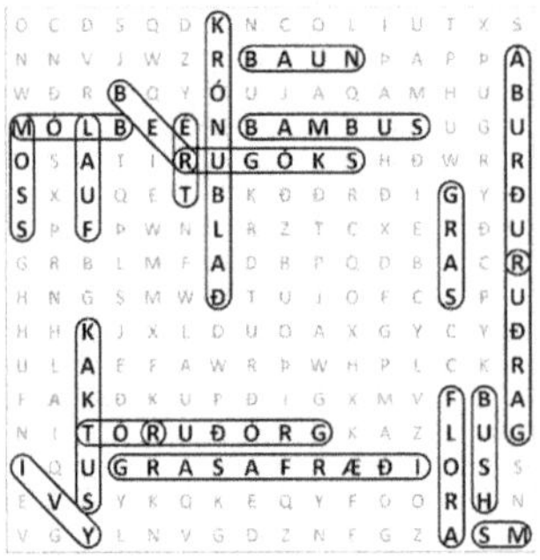

15 - Suministros de Arte

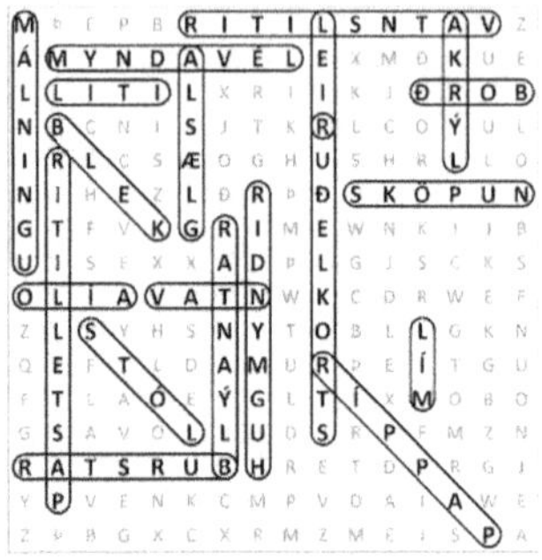

16 - Negocio

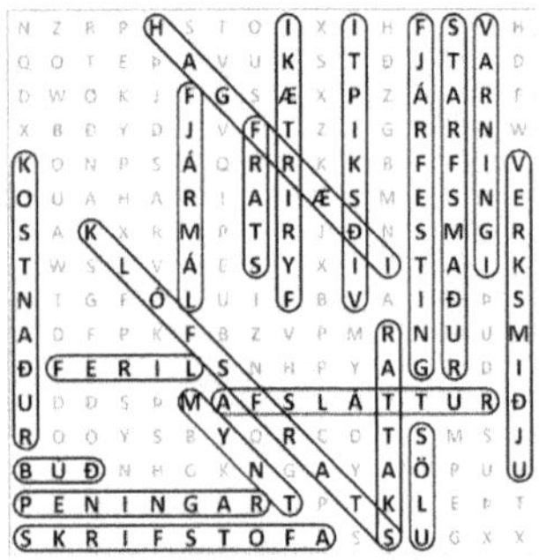

17 - Jardín

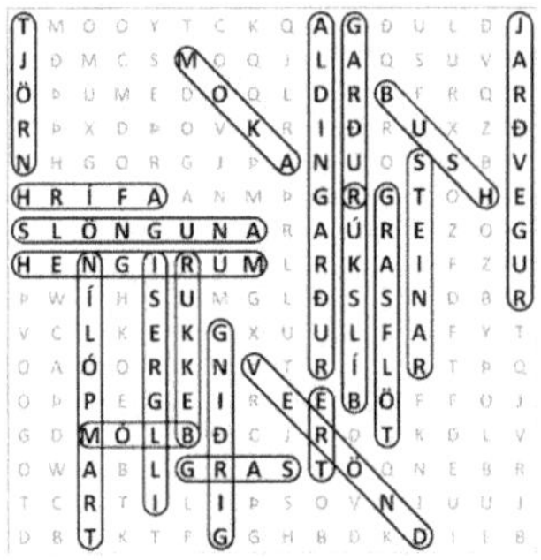

18 - Países #2

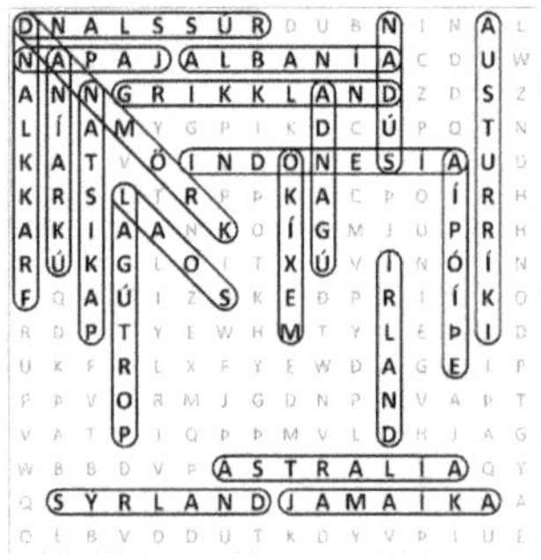

19 - Números

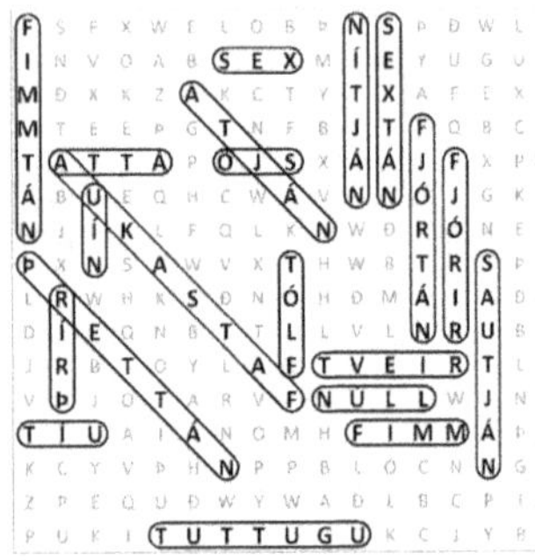

20 - Física

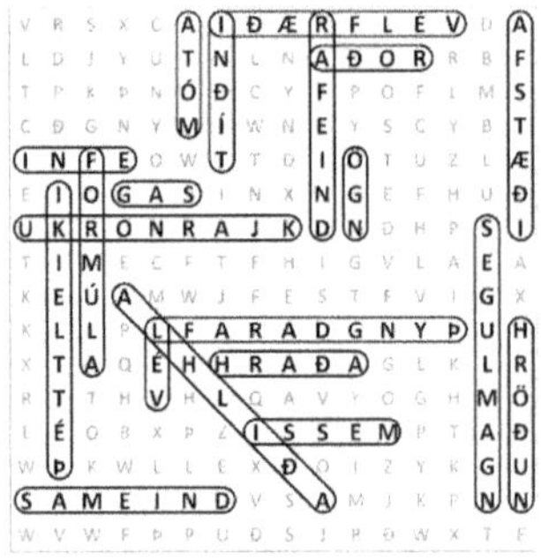

21 - Belleza

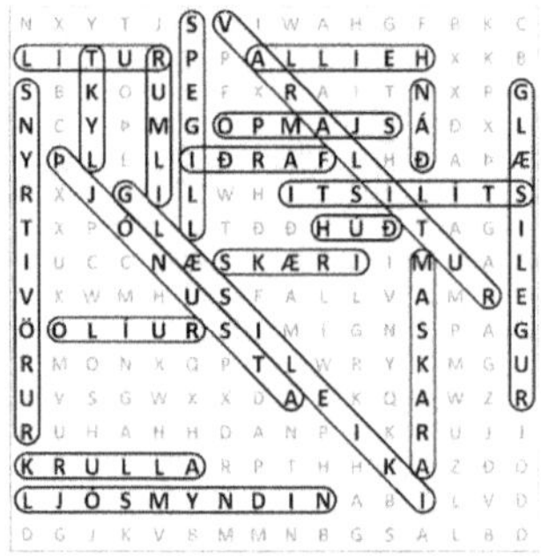

22 - Países #1

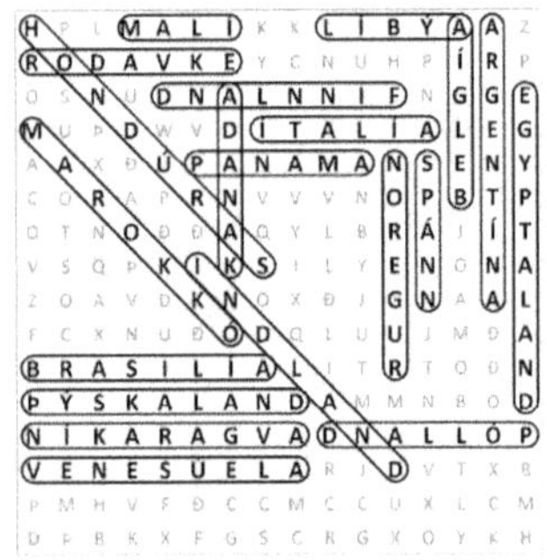

23 - Mitología

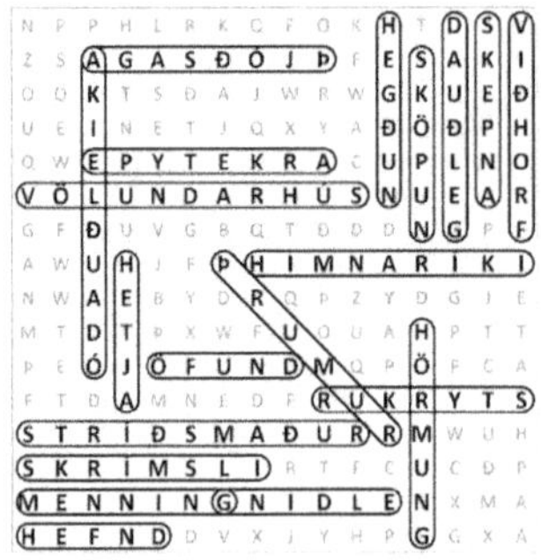

24 - Casa

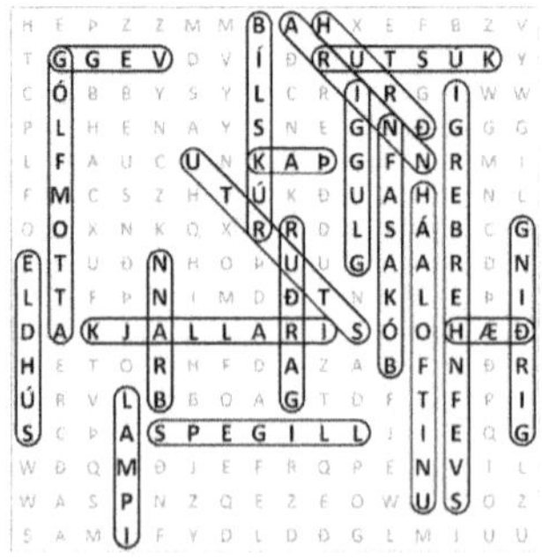

25 - Artes Visuales

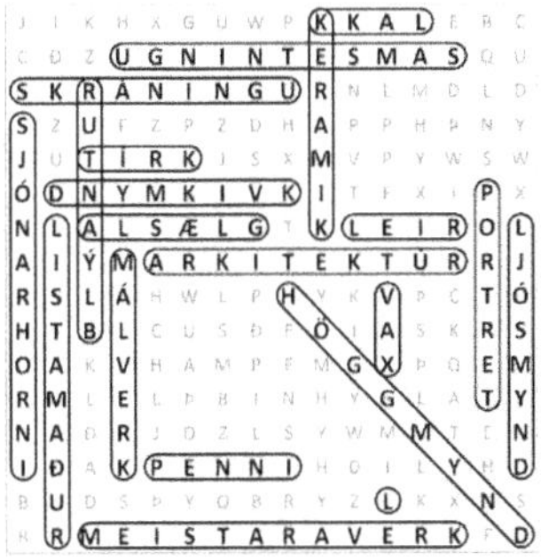

26 - Salud y Bienestar #2

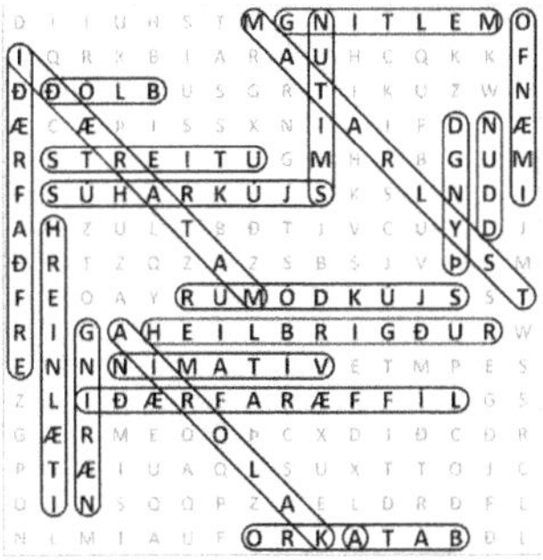

27 - Selva Tropical

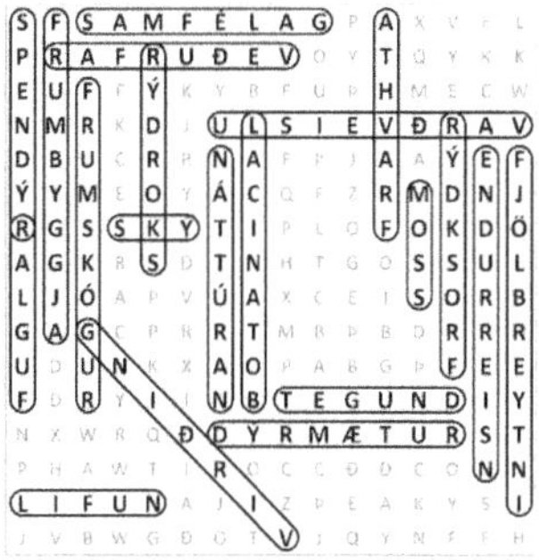

28 - Adjetivos #1

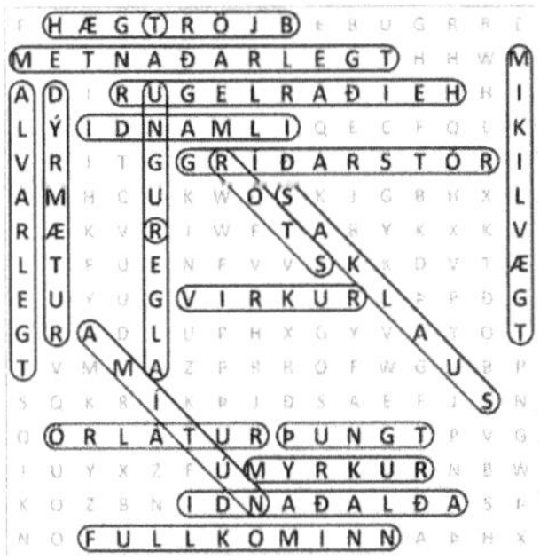

29 - Familia

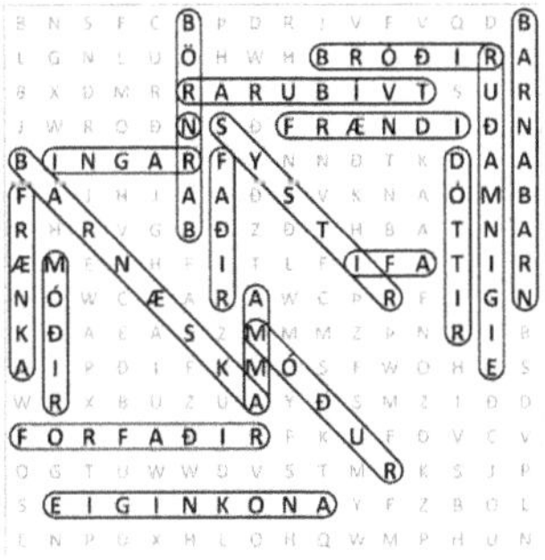

30 - Disciplinas Científicas

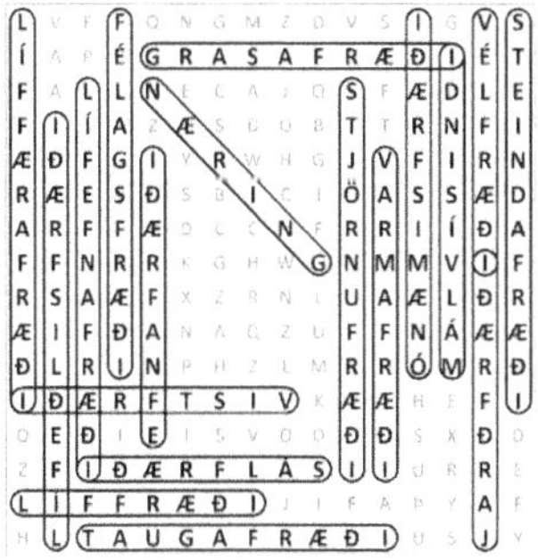

31 - Cocina

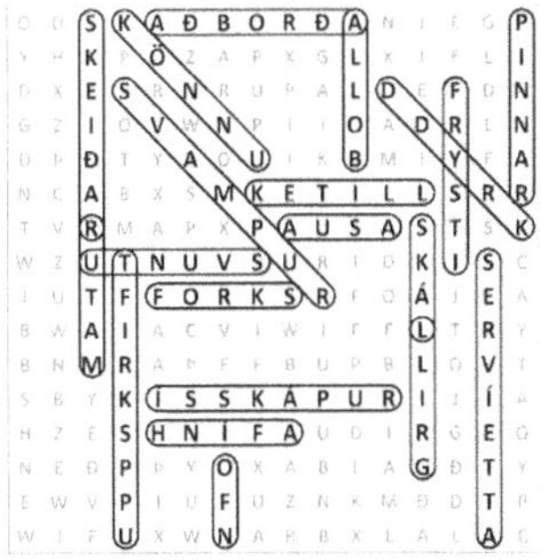

32 - Moda

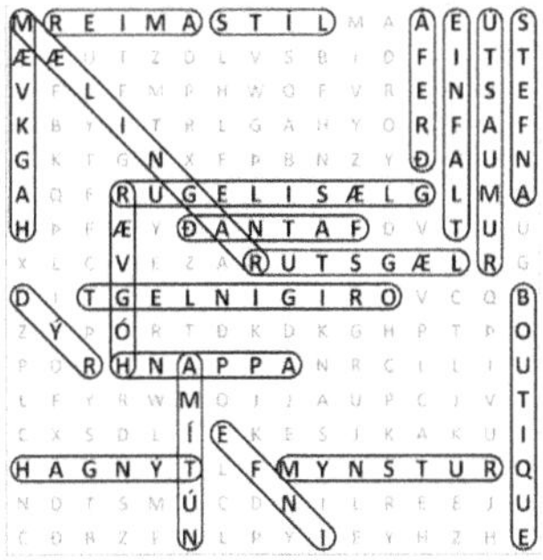

33 - Electricidad

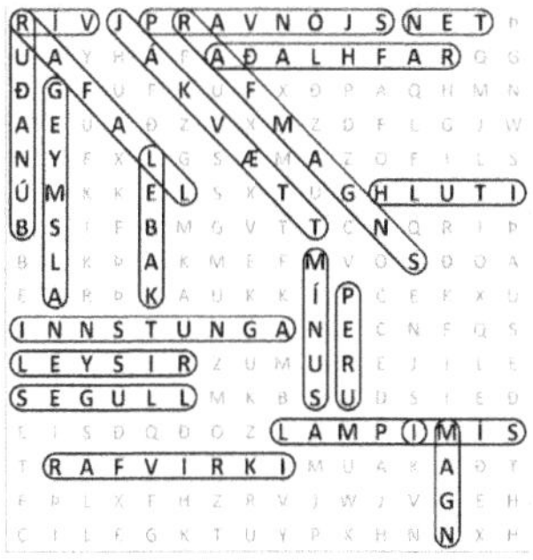

34 - Salud y Bienestar #1

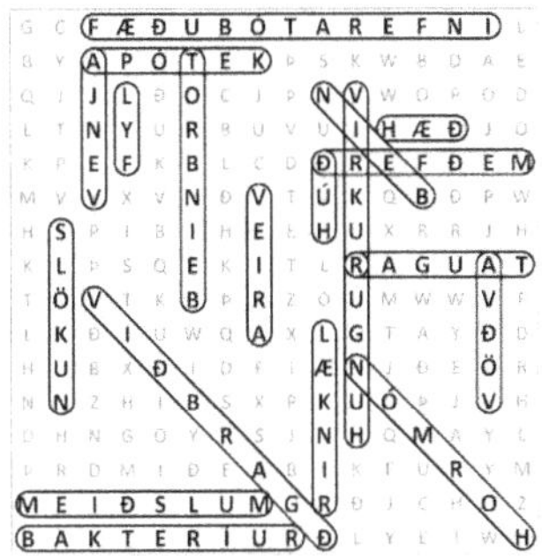

35 - Adjetivos #2

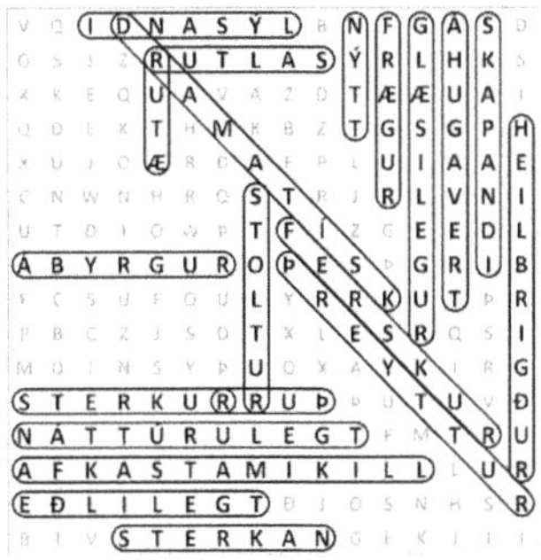

36 - Cuerpo Humano

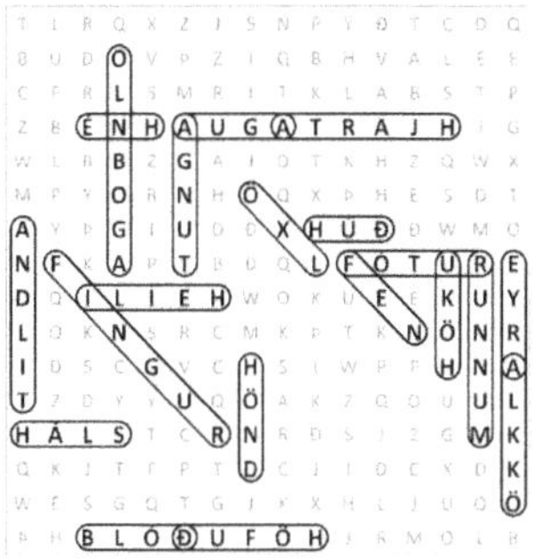

37 - Calentamiento GI

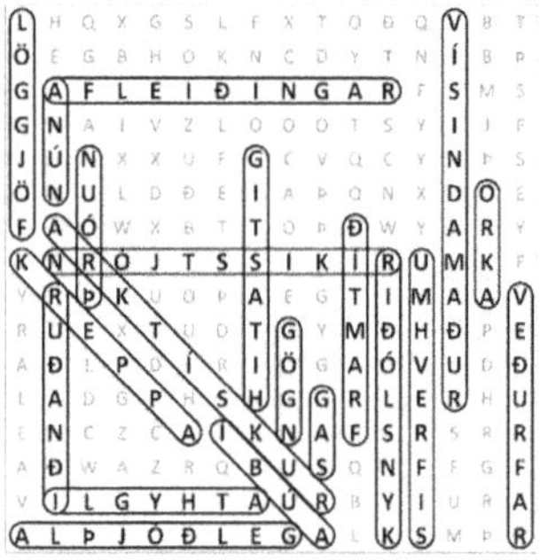

38 - Restaurante #2

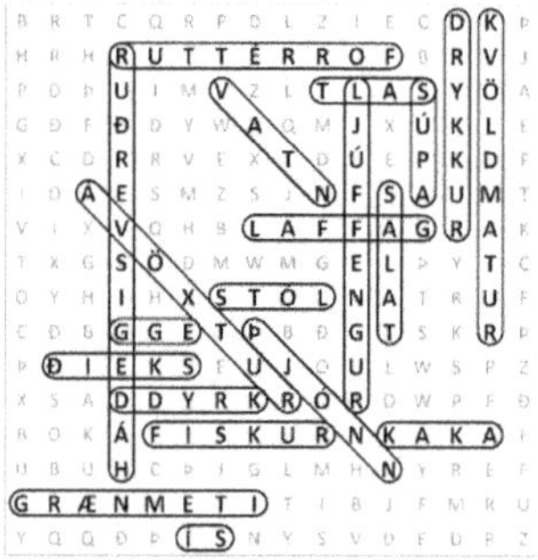

39 - Profesiones #1

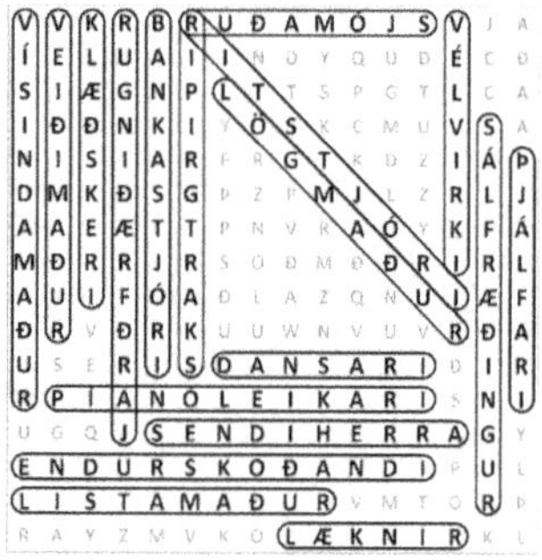

40 - Vehículos

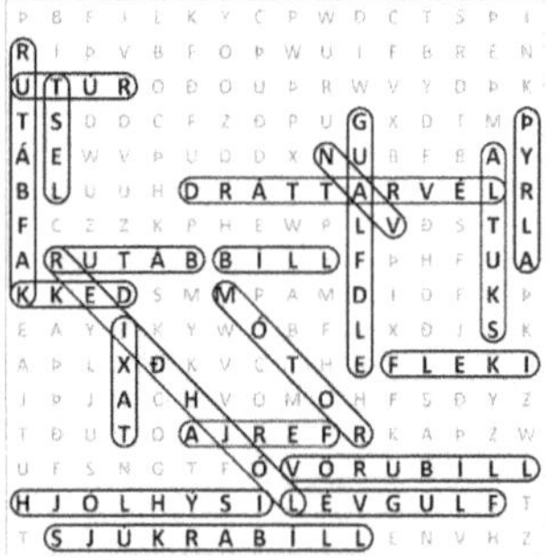

41 - Geometría

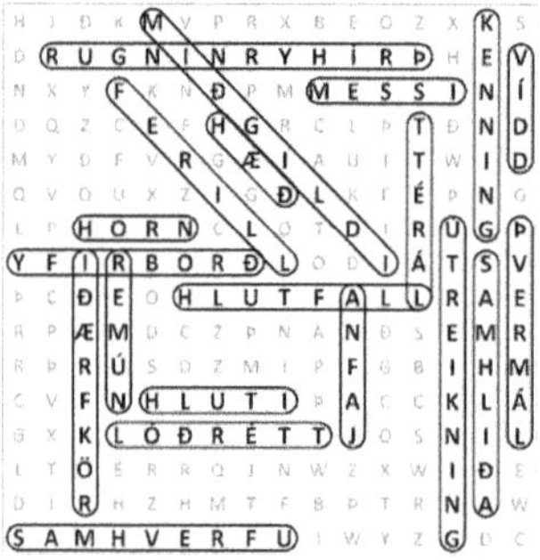

42 - Matemáticas

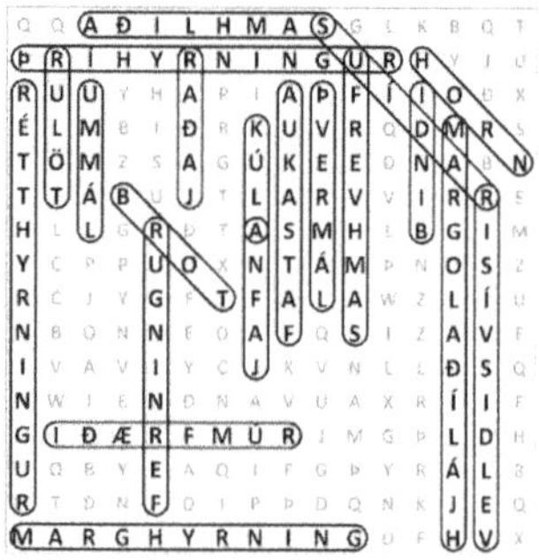

43 - Senderismo

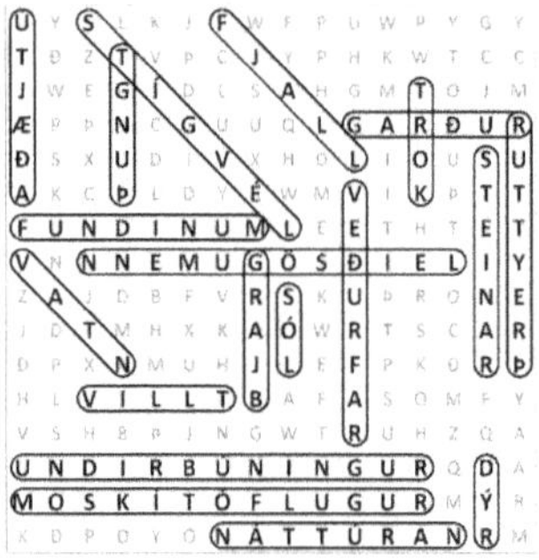

44 - Naturaleza

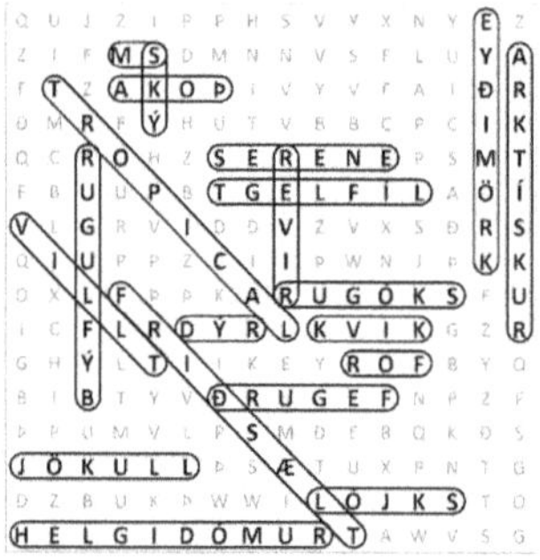

45 - Conduciendo

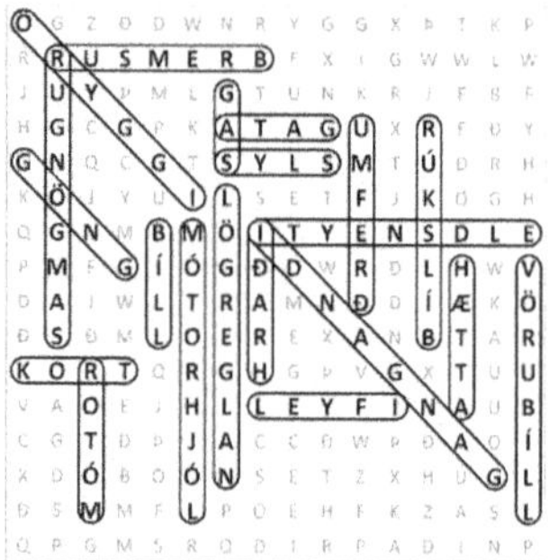

46 - Ballet

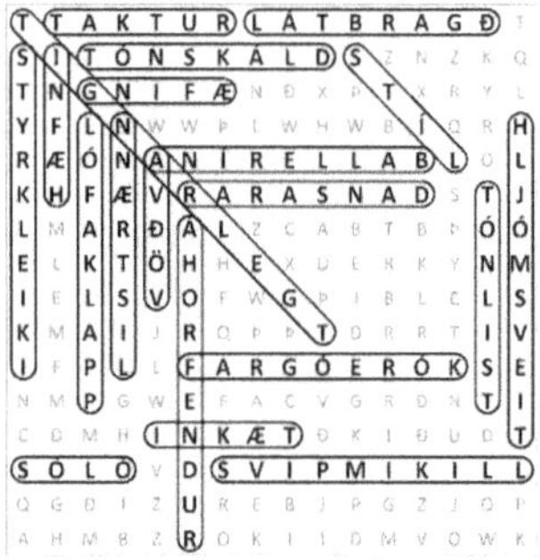

47 - Fuerza y Gravedad

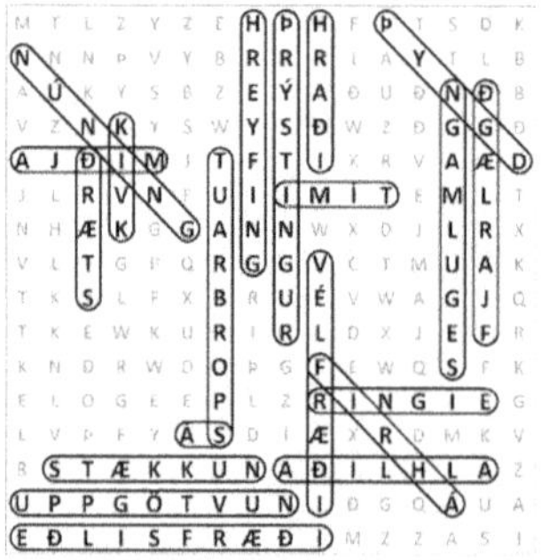

48 - Aventura

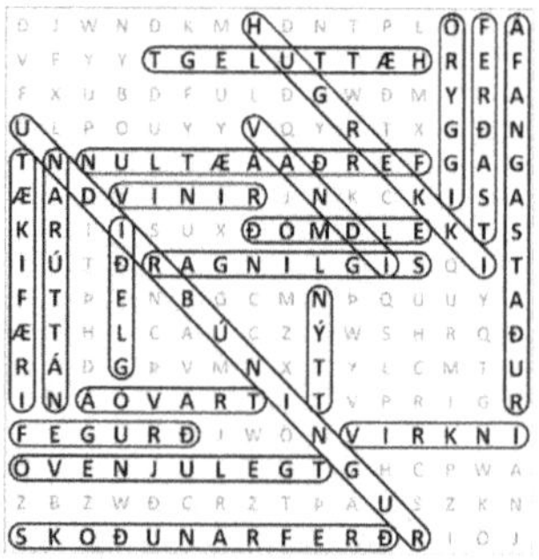

49 - Pájaros

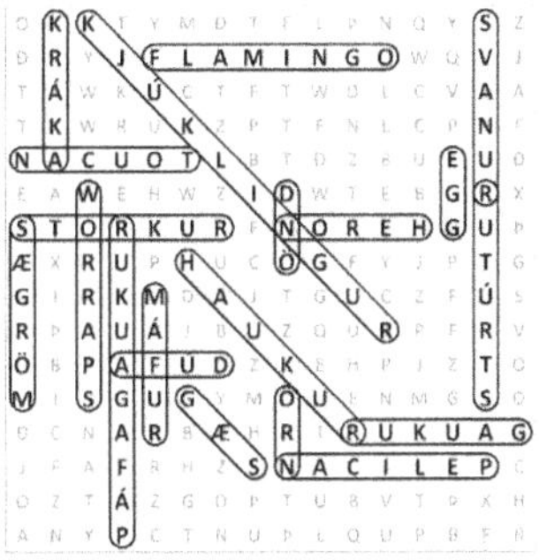

50 - Geografía

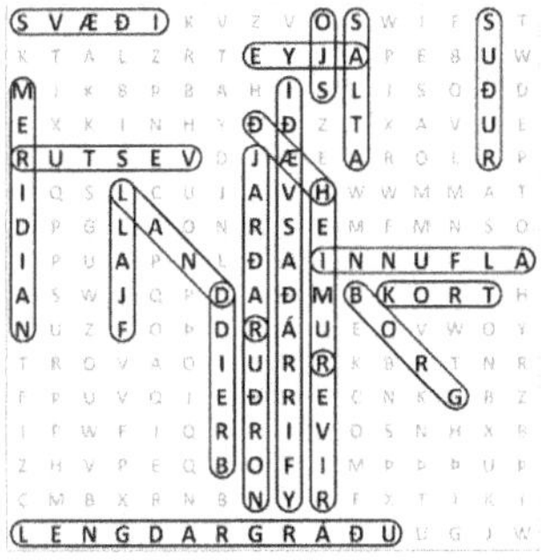

51 - Enfermedad

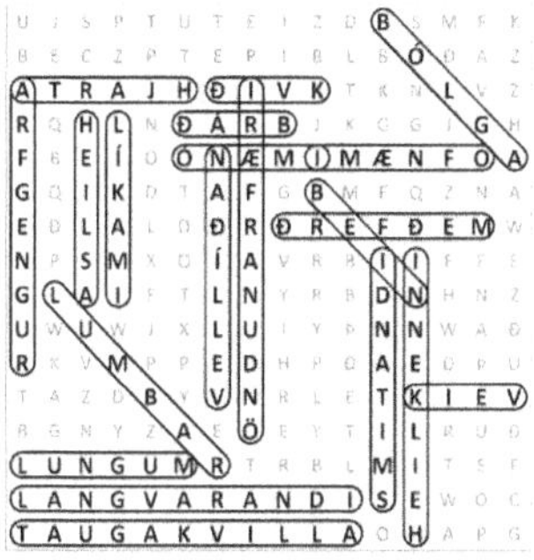

52 - Actividades

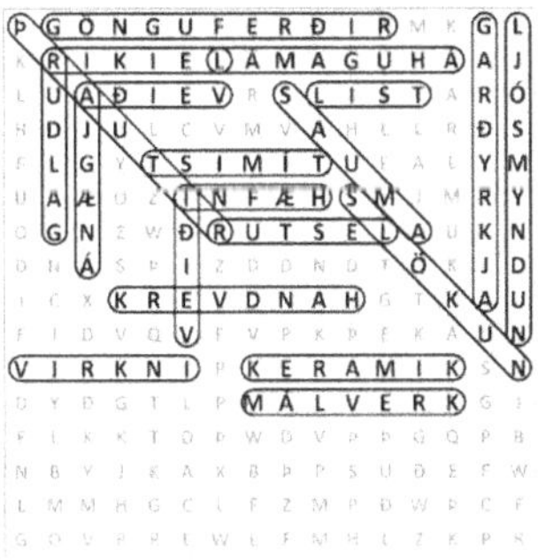

53 - Verduras

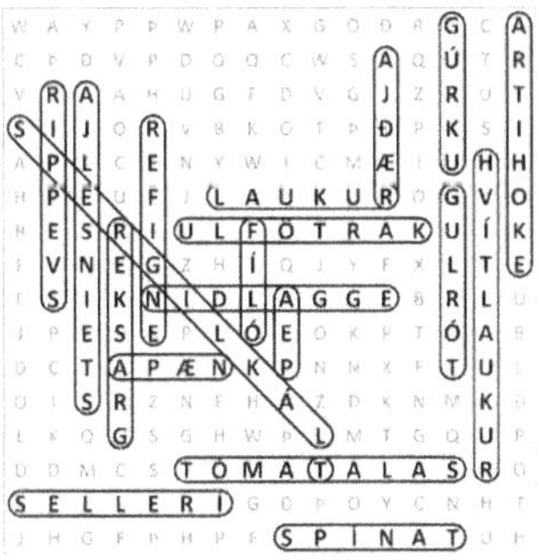

54 - Instrumentos Musicales

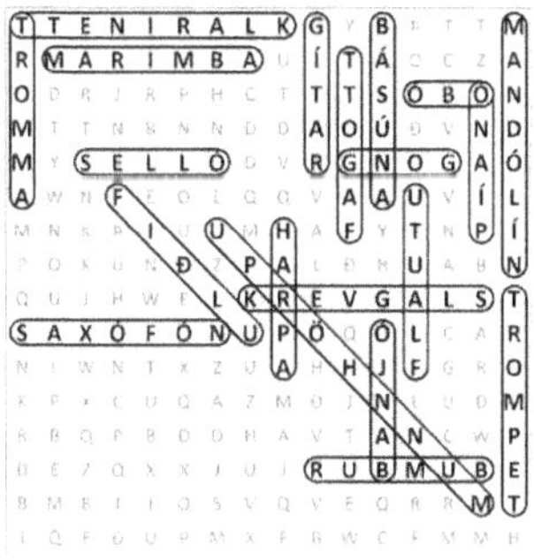

55 - Formas

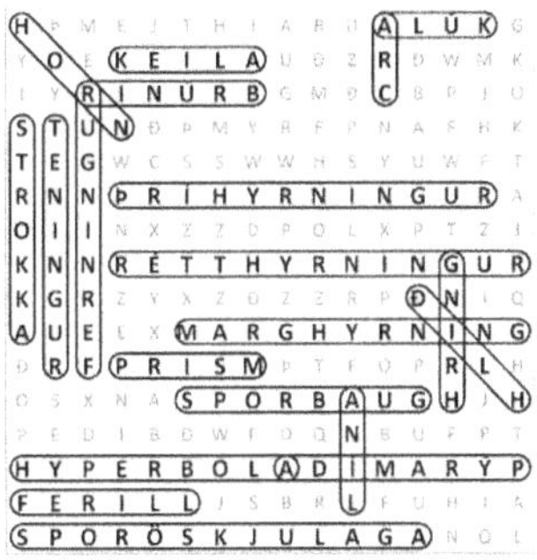

56 - Flores

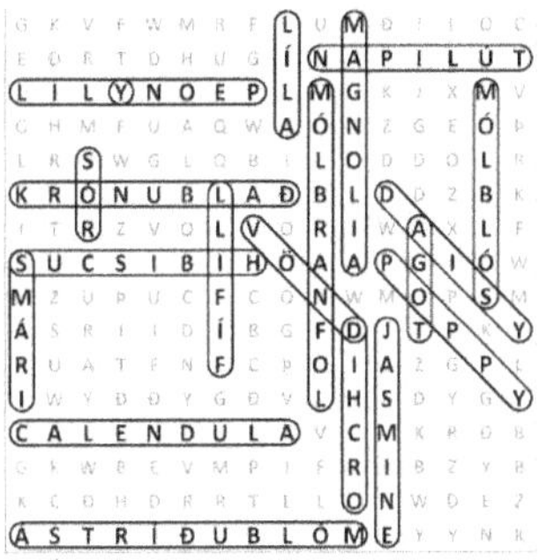

57 - Astronomía

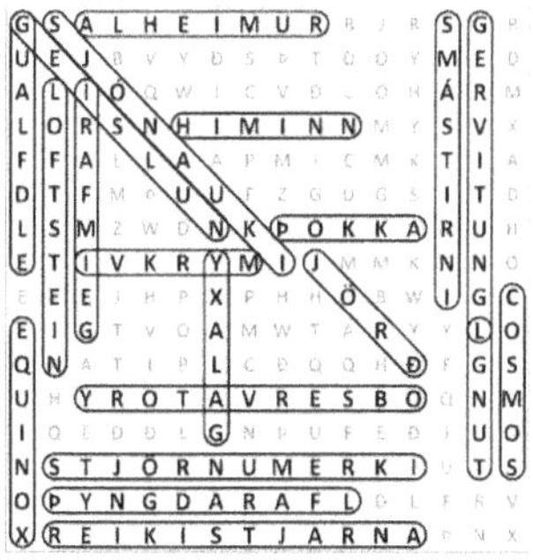

58 - Tiempo

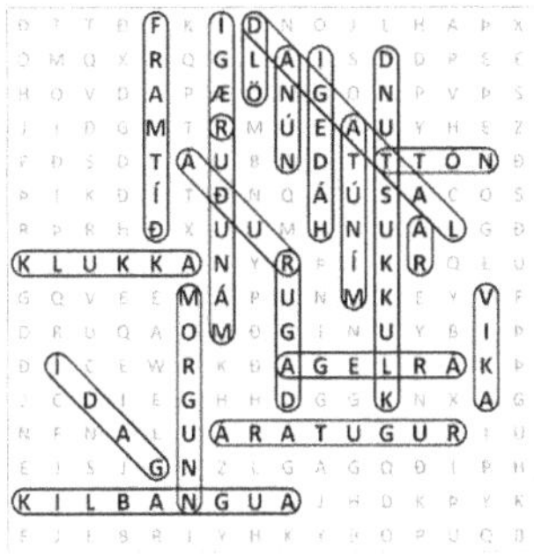

59 - Paisajes

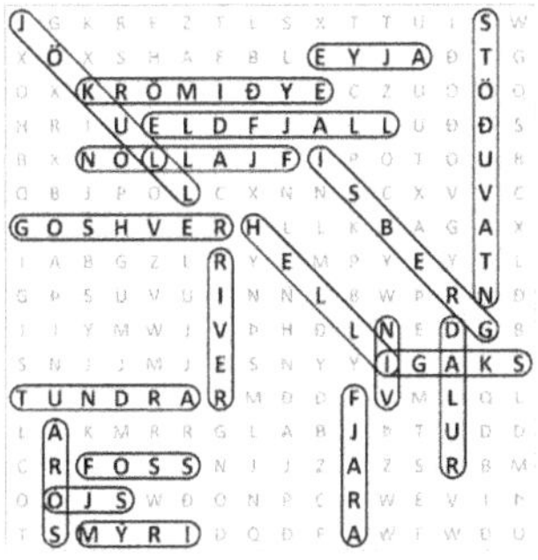

60 - Días y Meses

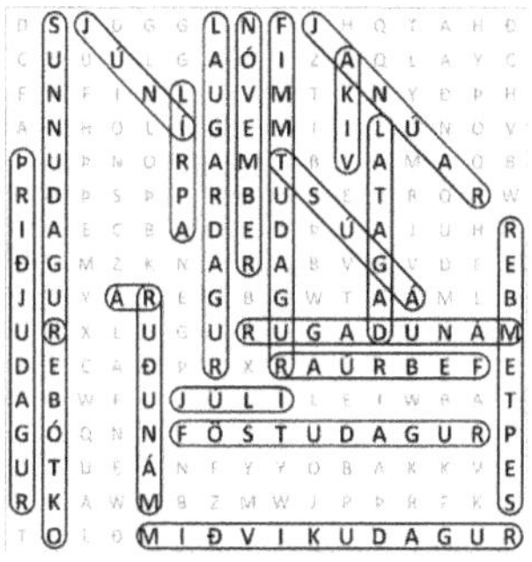

61 - Biología

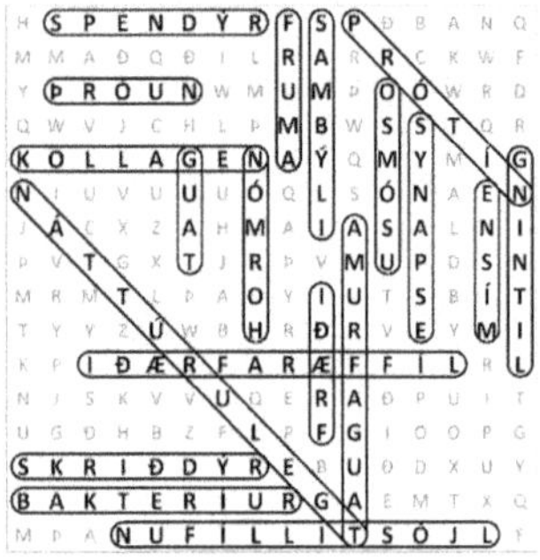

62 - Jardinería

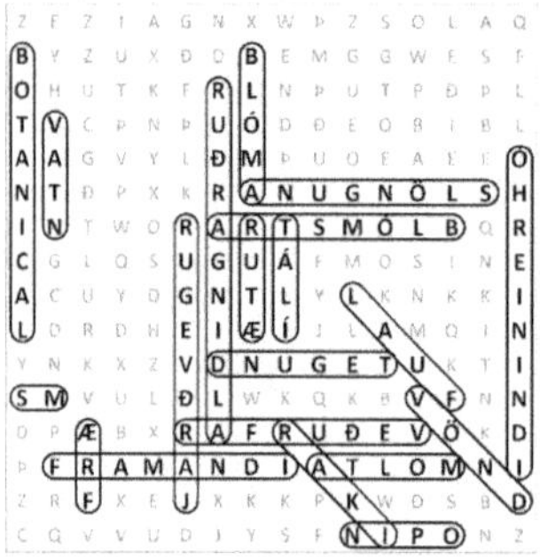

63 - Chocolate

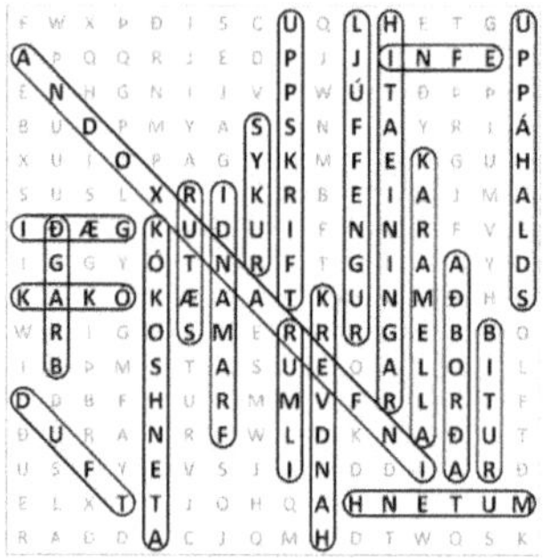

64 - Barbacoas

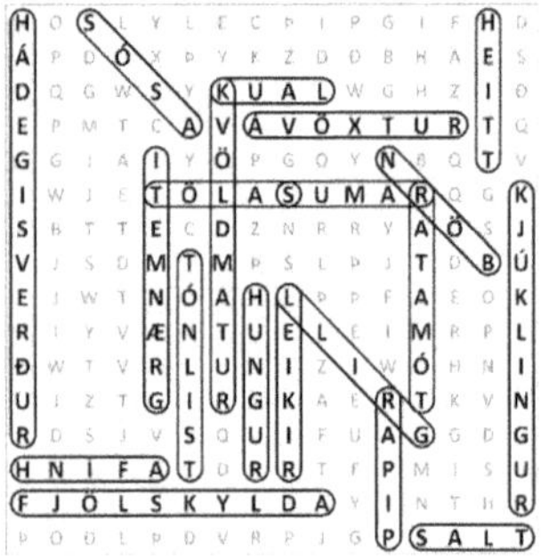

65 - Ropa

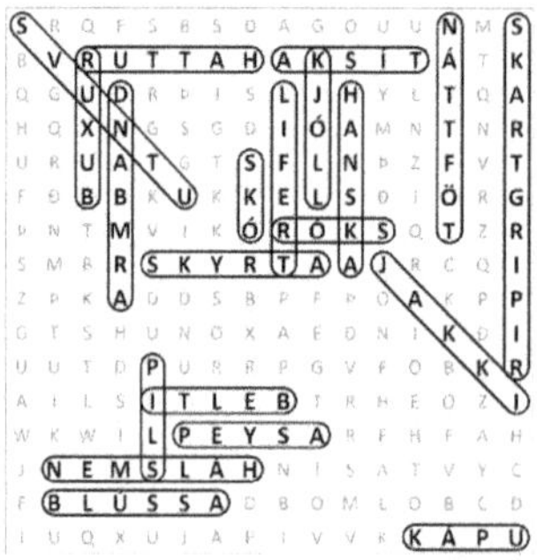

66 - Meditación

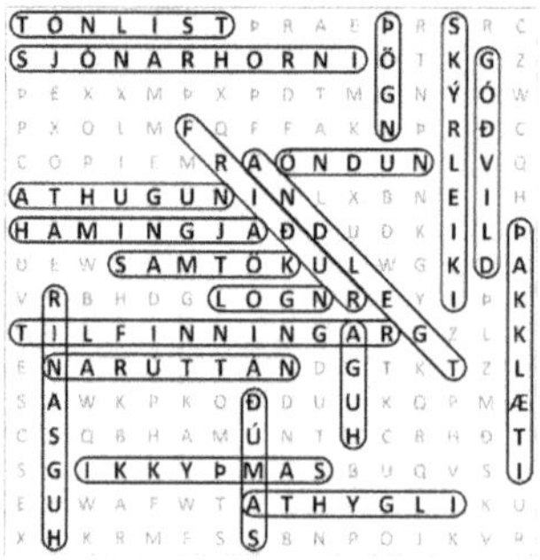

67 - Café

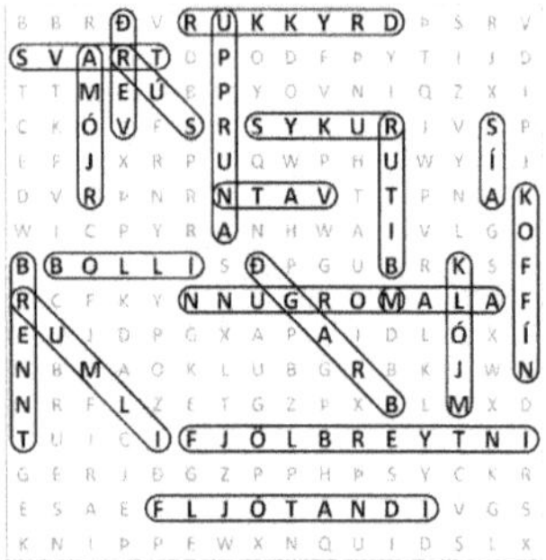

68 - Libros

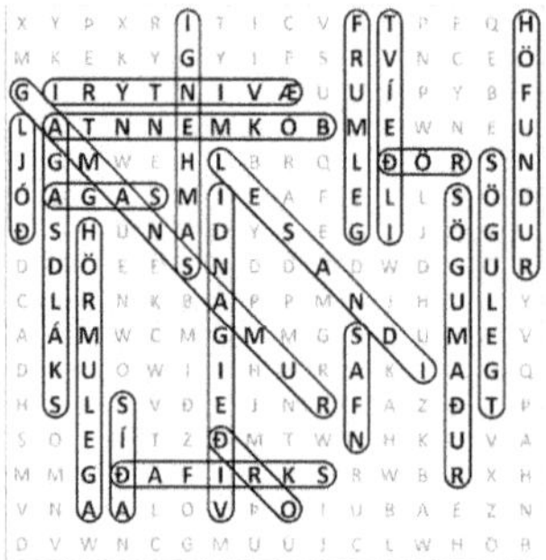

69 - Los Medios de Comunicación

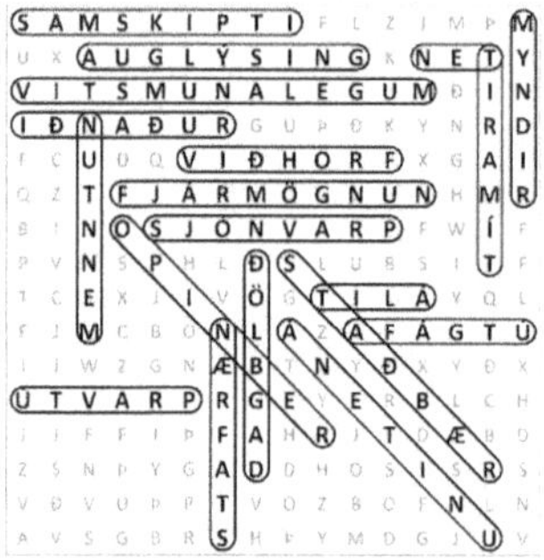

70 - Nutrición

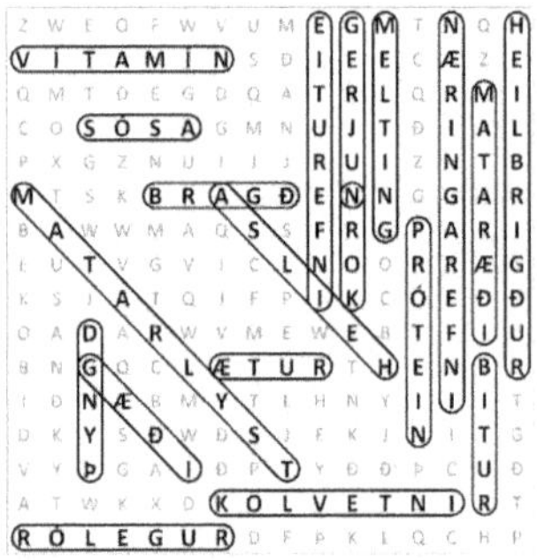

71 - Edificios

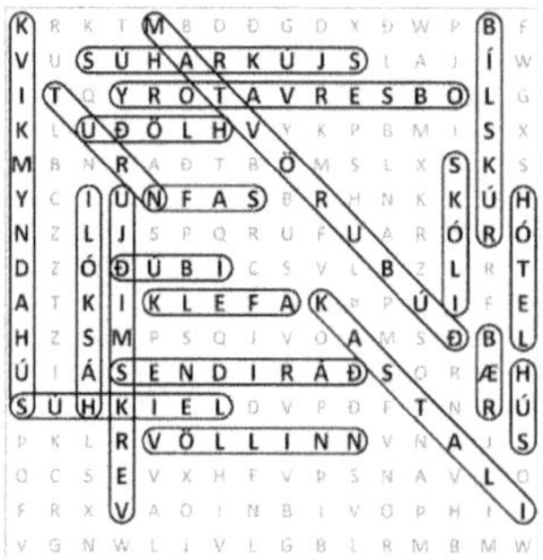

72 - Océano

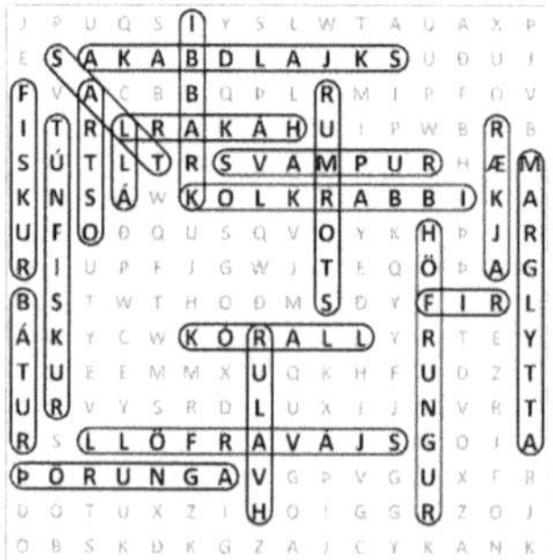

73 - Ciudad

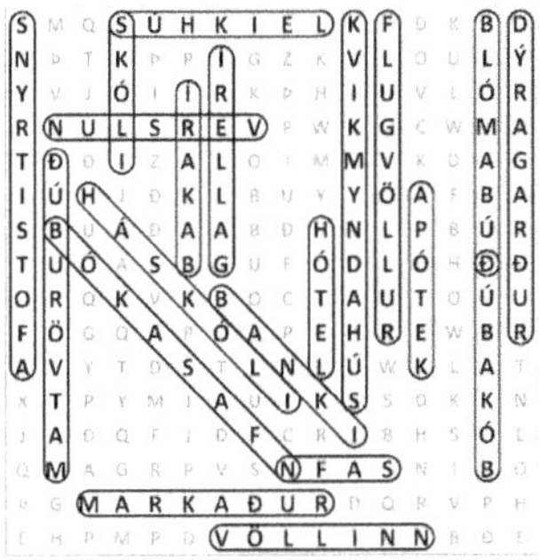

74 - Agronomía

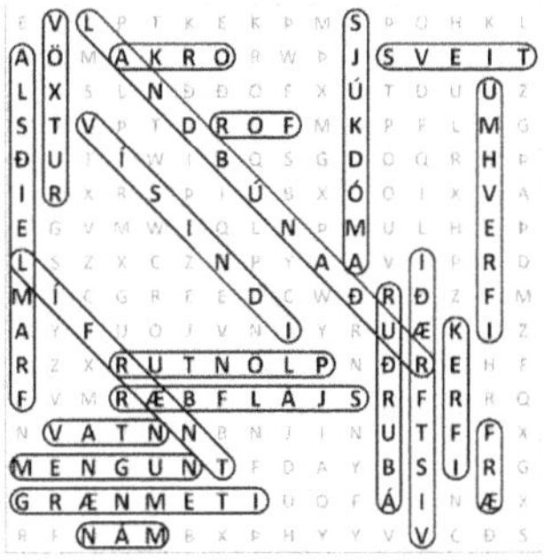

75 - Deporte

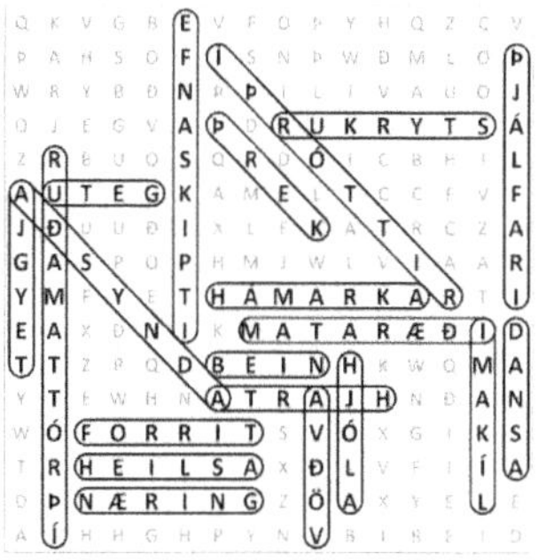

76 - Actividades y Ocio

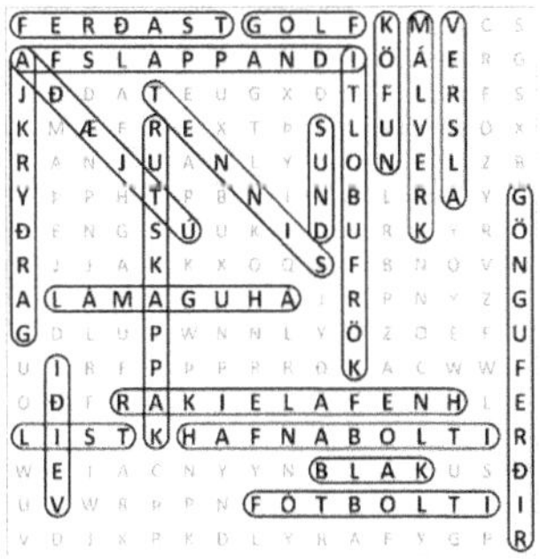

77 - Ingeniería

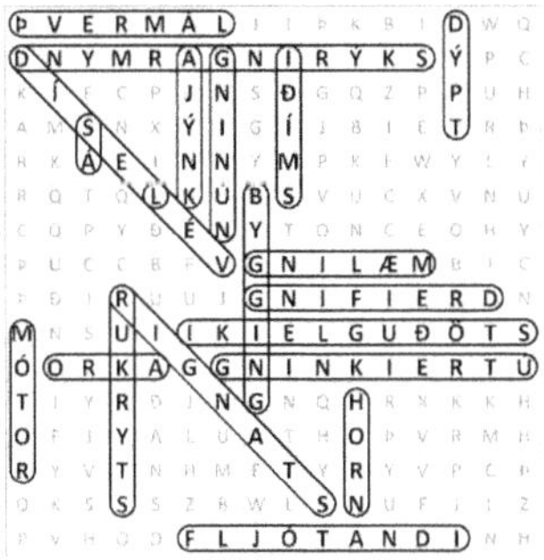

78 - Comida #1

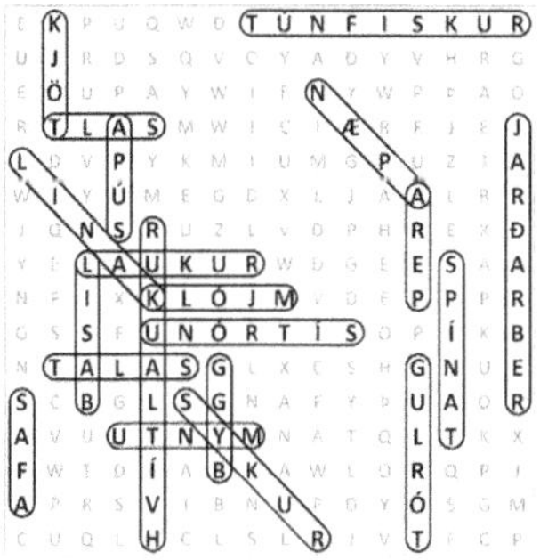

79 - Antigüedades

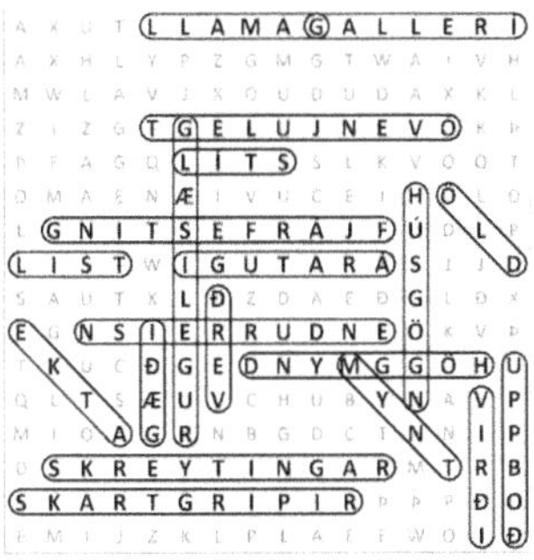

80 - Literatura

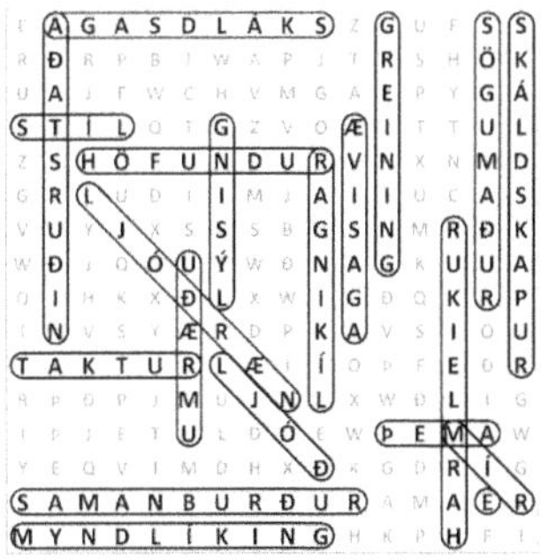

81 - Química

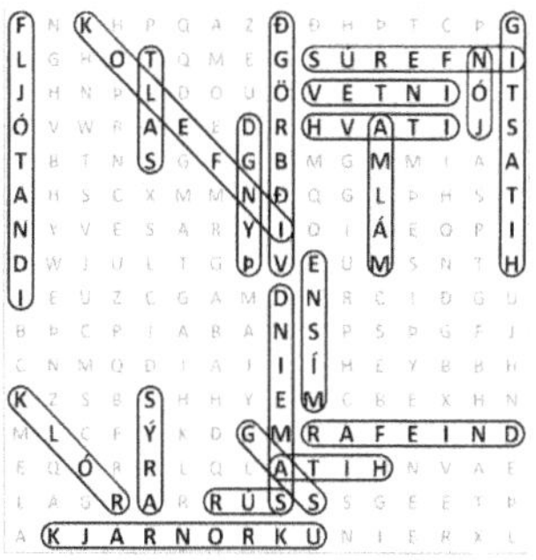

82 - Gobierno

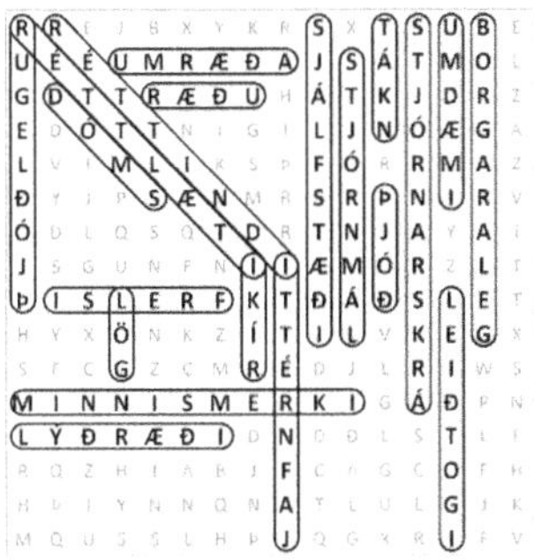

83 - Clima

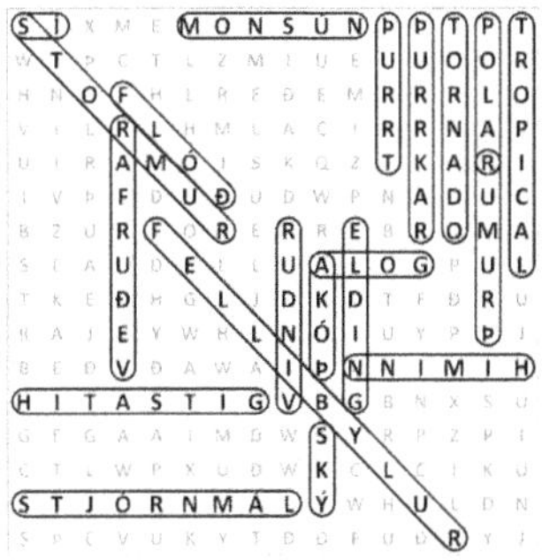

84 - Comida #2

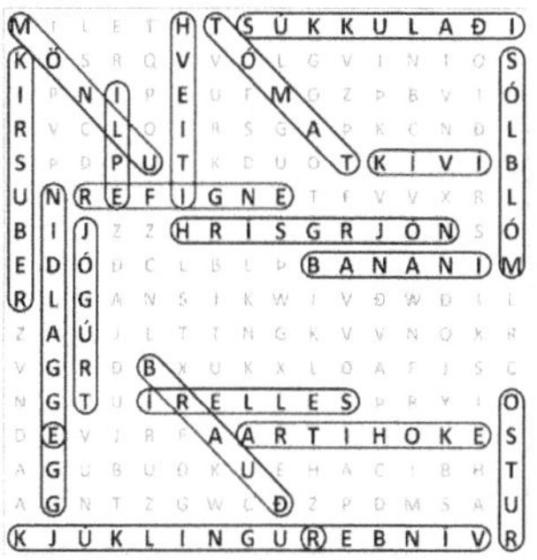

85 - Arte

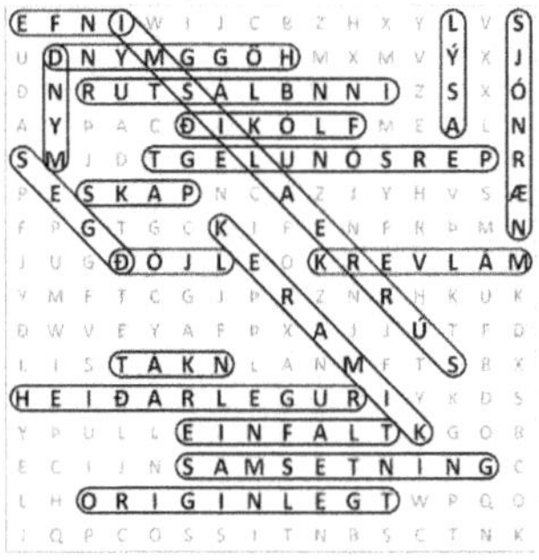

86 - Diplomacia

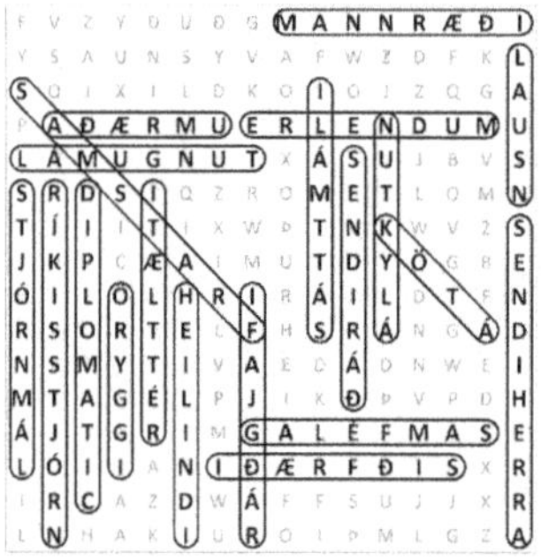

87 - Herboristería

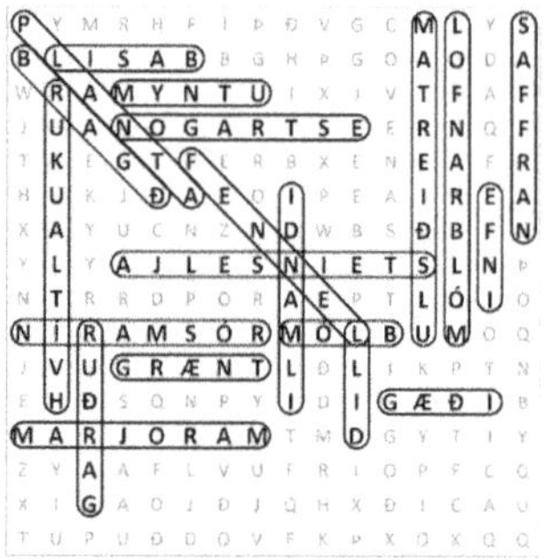

88 - Energía

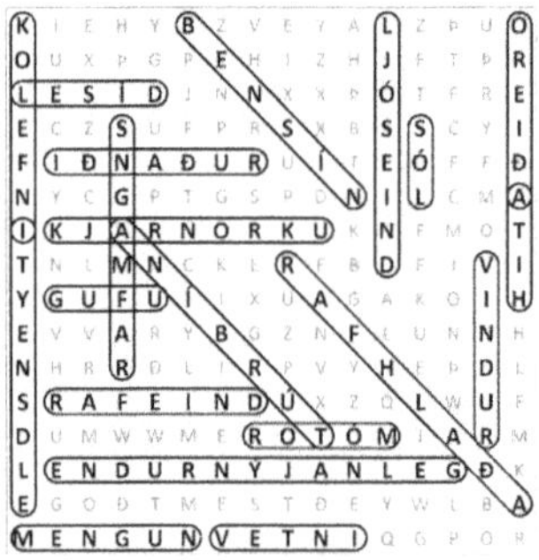

89 - Insectos

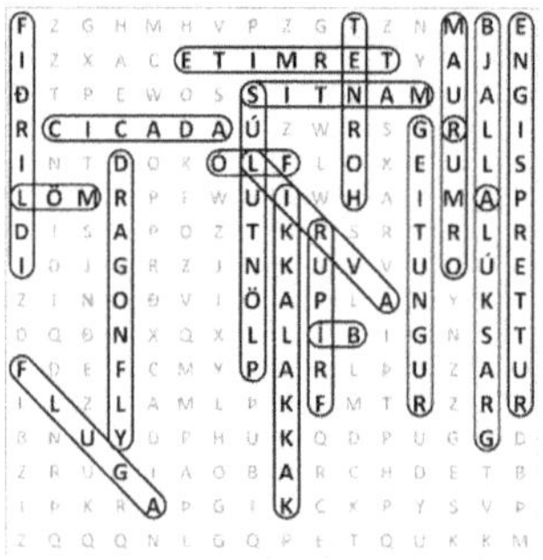

90 - Especias

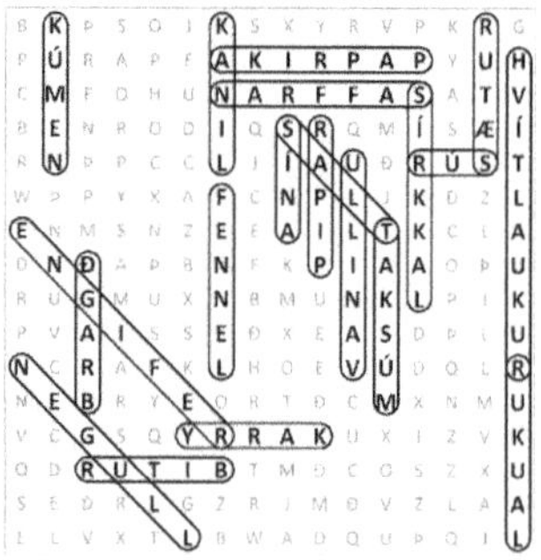

91 - Emociones

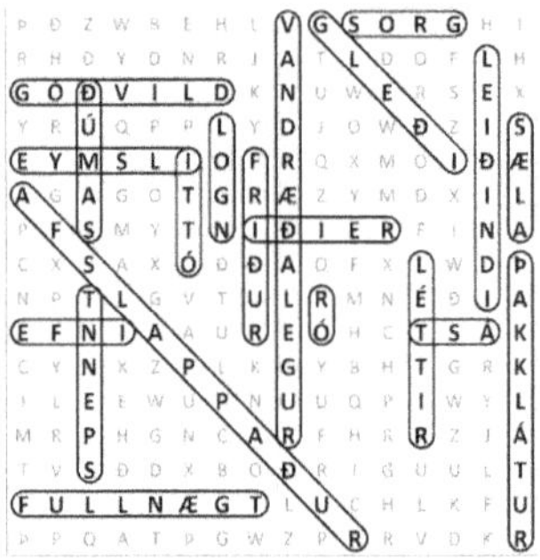

92 - Universo

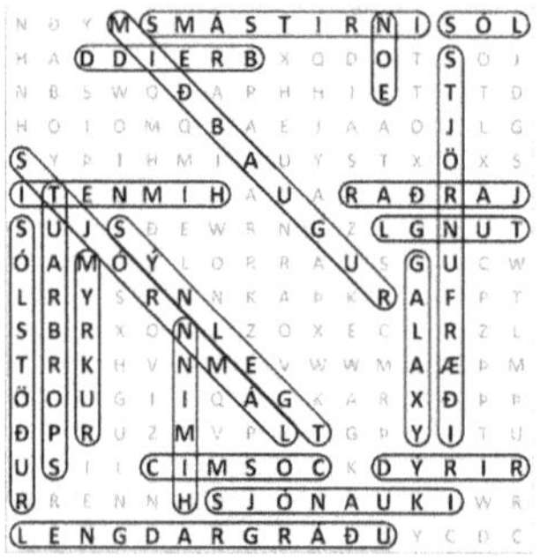

93 - Jazz

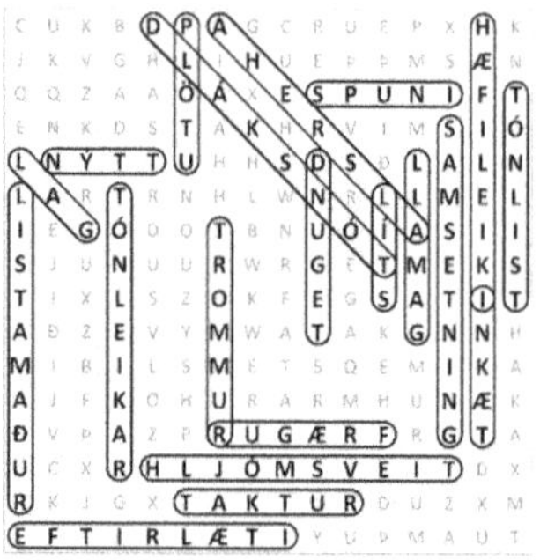

94 - Mediciones

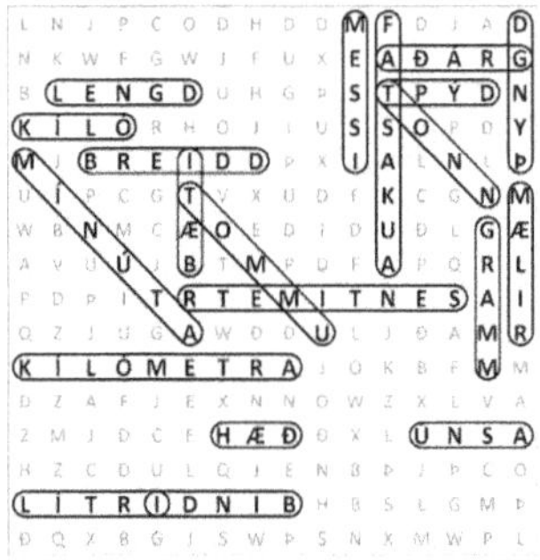

95 - Barcos

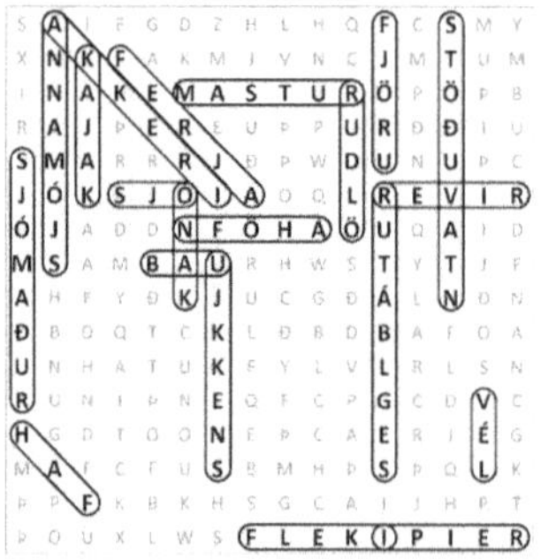

96 - Antártida

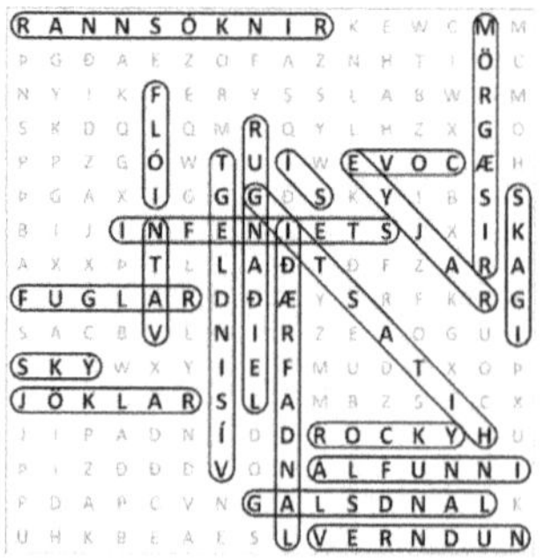

97 - Mamíferos

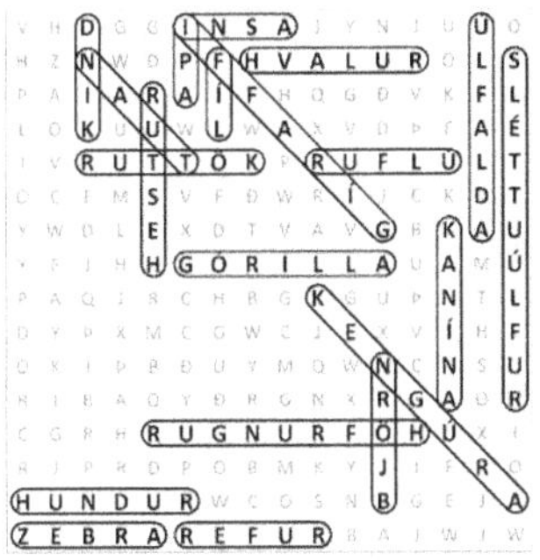

98 - Boxeo

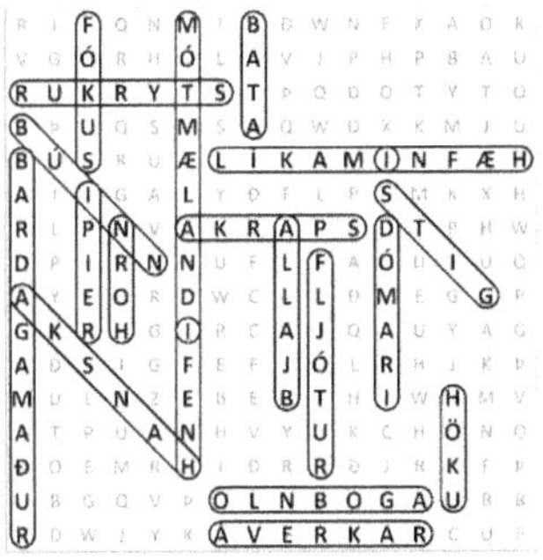

99 - Abejas

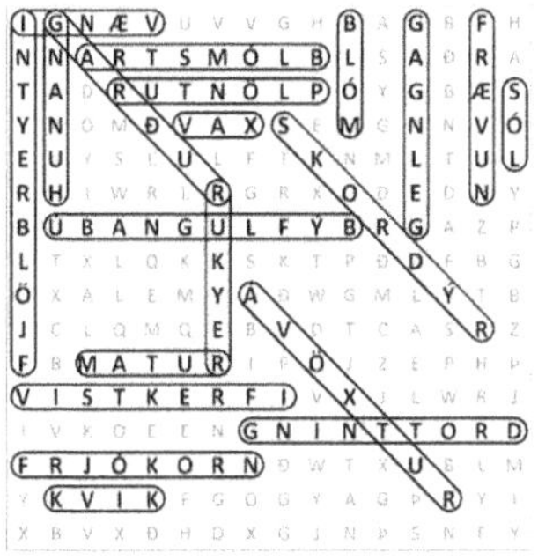

100 - Psicología

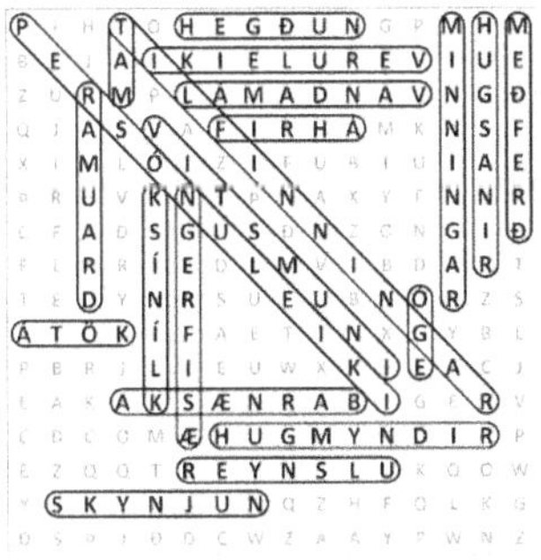

Diccionario

Abejas
Býflugur

Alas	Vængi
Beneficioso	Gagnleg
Cera	Vax
Colmena	Býflugnabú
Comida	Matur
Diversidad	Fjölbreytni
Ecosistema	Vistkerfi
Enjambre	Kvik
Flor	Blómstra
Flores	Blóm
Fruta	Ávöxtur
Humo	Reykur
Insecto	Skordýr
Jardín	Garður
Miel	Hunang
Plantas	Plöntur
Polen	Frjókorn
Polinizador	Frævun
Reina	Drottning
Sol	Sól

Actividades
Starfsemi

Actividad	Virkni
Arte	List
Artesanía	Handverk
Caza	Veiða
Cerámica	Keramik
Costura	Sauma
Fotografía	Ljósmyndun
Habilidad	Hæfni
Intereses	Áhugamál
Jardinería	Garðyrkja
Juegos	Leikir
Lectura	Lestur
Magia	Galdur
Ocio	Tímist
Pesca	Veiði
Pintura	Málverk
Placer	Ánægja
Relajación	Slökun
Rompecabezas	Þrautir
Senderismo	Gönguferðir

Actividades y Ocio
Starfsemi og Tómstundir

Aficiones	Áhugamál
Arte	List
Baloncesto	Körfubolti
Béisbol	Hafnabolti
Boxeo	Hnefaleikar
Buceo	Köfun
Camping	Útjæða
Carreras	Kappakstur
Compras	Versla
Fútbol	Fótbolti
Golf	Golf
Jardinería	Garðyrkja
Natación	Sund
Pesca	Veiði
Pintura	Málverk
Relajante	Afslappandi
Senderismo	Gönguferðir
Tenis	Tennis
Viaje	Ferðast
Voleibol	Blak

Adjetivos #1
Lýsingarorð #1

Absoluto	Alger
Activo	Virkur
Ambicioso	Metnaðarlegt
Aromático	Ilmandi
Atractivo	Aðlaðandi
Brillante	Björt
Enorme	Gríðarstór
Generoso	Örlátur
Grande	Stór
Honesto	Heiðarlegur
Importante	Mikilvægt
Inocente	Saklaus
Joven	Ungur
Lento	Hægt
Moderno	Nútíma
Oscuro	Myrkur
Perfecto	Fullkominn
Pesado	Þungt
Serio	Alvarlegt
Valioso	Dýrmætur

Adjetivos #2
Lýsingarorð #2

Cansado	Þreyttur
Comestible	Ætur
Creativo	Skapandi
Descriptivo	Lýsandi
Dramático	Dramatísk
Elegante	Glæsilegur
Famoso	Frægur
Fresco	Ferskur
Fuerte	Sterkur
Interesante	Áhugavert
Natural	Náttúrulegt
Normal	Eðlilegt
Nuevo	Nýtt
Orgulloso	Stoltur
Picante	Sterkan
Productivo	Afkastamikill
Responsable	Ábyrgur
Salado	Saltur
Saludable	Heilbrigður
Seco	Þurr

Agronomía
Jarðfræði

Agricultura	Landbúnaður
Agua	Vatn
Ciencia	Vísindi
Contaminación	Mengun
Crecimiento	Vöxtur
Ecología	Vistfræði
Energía	Orka
Enfermedades	Sjúkdóma
Erosión	Rof
Estudio	Nám
Fertilizante	Áburður
Medio Ambiente	Umhverfi
Orgánico	Lífrænt
Plantas	Plöntur
Producción	Framleiðsla
Rural	Sveit
Semillas	Fræ
Sistemas	Kerfi
Sostenible	Sjálfbær
Verduras	Grænmeti

Agua
Vatni

Canal	Síkur
Ducha	Sturtu
Evaporación	Uppgufun
Géiser	Geysir
Helada	Frost
Hielo	Ís
Humedad	Raki
Huracán	Fellibylur
Húmedo	Rökum
Inundación	Flóð
Lago	Lake
Lluvia	Rigning
Monzón	Monsún
Nieve	Snjór
Océano	Haf
Olas	Öldur
Potable	Drykkjarhæft
Riego	Áveitu
Río	River
Vapor	Gufu

Ajedrez
Skák

Aprender	Að Læra
Blanco	Hvítur
Campeón	Meistari
Concurso	Keppni
Diagonal	Ská
Estrategia	Stefnu
Inteligente	Snjall
Juego	Leikur
Jugador	Leikmaður
Negro	Svart
Oponente	Mótmælandi
Pasivo	Aðgerðalaus
Puntos	Stig
Reglas	Reglur
Reina	Drottning
Rey	Konungur
Sacrificio	Fórn
Tiempo	Tími
Torneo	Mót

Antártida
Suðurskautslandið

Agua	Vatn
Bahía	Flói
Científico	Vísindlegt
Conservación	Verndun
Continente	Álfunni
Ensenada	Cove
Expedición	Leiðangur
Geografía	Landafræði
Glaciares	Jöklar
Hielo	Ís
Investigador	Rannsóknir
Islas	Eyjar
Minerales	Steinefni
Nubes	Ský
Pájaros	Fuglar
Península	Skagi
Pingüinos	Mörgæsir
Rocoso	Rocky
Temperatura	Hitastig
Topografía	Landslag

Antigüedades
Fornminjar

Arte	List
Auténtico	Ekta
Calidad	Gæði
Decorativo	Skreytingar
Décadas	Áratugi
Elegante	Glæsilegur
Escultura	Höggmynd
Estilo	Stíl
Galería	Gallerí
Inusual	Óvenjulegt
Inversión	Fjárfesting
Joyas	Skartgripir
Monedas	Mynt
Mueble	Húsgögn
Precio	Verð
Restauración	Endurreisn
Siglo	Öld
Subasta	Uppboð
Valor	Virði
Viejo	Gamall

Arqueología
Fornleifafræði

Análisis	Greining
Antigüedad	Fornöld
Años	Ár
Civilización	Siðmenning
Descendiente	Afkomandi
Desconocido	Óþekkt
Equipo	Lið
Era	Tímum
Evaluación	Mat
Experto	Sérfræðingur
Fragmentos	Brot
Huesos	Bein
Investigador	Rannsóknir
Misterio	Ráðgáta
Objetos	Hluti
Olvidado	Gleymt
Profesor	Prófessor
Reliquia	Minni
Templo	Temple
Tumba	Gröf

Arte
List

Cerámica	Keramik
Complejo	Flókið
Composición	Samsetning
Escultura	Höggmynd
Expresión	Segð
Figura	Mynd
Honesto	Heiðarlegur
Humor	Skap
Inspirado	Innblástur
Original	Originlegt
Personal	Persónulegt
Pinturas	Málverk
Poesía	Ljóð
Retratar	Lýsa
Sencillo	Einfalt
Símbolo	Tákn
Surrealismo	Súrrealismi
Tema	Efni
Visual	Sjónræn

Artes Visuales
Myndlist

Arcilla	Leir
Arquitectura	Arkitektúr
Artista	Listamaður
Barniz	Lakk
Caballete	Glæsla
Cera	Vax
Cerámica	Keramik
Composición	Samsetningu
Creatividad	Skráningu
Escultura	Höggmynd
Fotografía	Ljósmynd
Lápiz	Blýantur
Obra Maestra	Meistaraverk
Película	Kvikmynd
Perspectiva	Sjónarhorni
Pintura	Málverk
Plantilla	L
Pluma	Penni
Retrato	Portret
Tiza	Krít

Astronomía
Stjörnufræði

Asteroide	Smástirni
Astronauta	Geimfari
Cielo	Himinn
Cohete	Eldflaug
Constelación	Stjörnumerki
Cosmos	Cosmos
Eclipse	Myrkvi
Equinoccio	Equinox
Galaxia	Galaxy
Gravedad	Þyngdarafl
Luna	Tungl
Meteoro	Loftstein
Nebulosa	Þokka
Observatorio	Observatory
Planeta	Reikistjarna
Radiación	Geislun
Satélite	Gervitungl
Telescopio	Sjónauki
Tierra	Jörð
Universo	Alheimur

Aventura
Ævintýri

Actividad	Virkni
Alegría	Gleði
Amigos	Vinir
Belleza	Fegurð
Destino	Áfangastaður
Dificultad	Vandi
Entusiasmo	Eldmóð
Excursión	Skoðunarferð
Inusual	Óvenjulegt
Itinerario	Ferðaáætlun
Naturaleza	Náttúran
Navegación	Siglingar
Nuevo	Nýtt
Oportunidad	Tækifæri
Peligroso	Hættulegt
Preparación	Undirbúningur
Seguridad	Öryggi
Sorprendente	Á Óvart
Valentía	Hugrekki
Viajes	Ferðast

Aviones
Flugvélar

Aire	Loft
Altura	Hæð
Aterrizaje	Lending
Atmósfera	Stjórnmál
Aventura	Ævintýri
Cielo	Himinn
Combustible	Eldsneyti
Construcción	Smíði
Dirección	Stefnu
Diseño	Hönnun
Globo	Blöðru
Hélices	Skrúfur
Hidrógeno	Vetni
Historia	Saga
Motor	Vél
Navegar	Sigla
Pasajero	Farþegi
Piloto	Flugmaður
Tripulación	Áhöfn
Turbulencia	Ókyrrð

Álgebra
Algebru

Cantidad	Magn
Cero	Núll
Diagrama	Skýringarmynd
División	Deild
Ecuación	Jafna
Exponente	Veldisvísir
Factor	Þáttur
Falso	Rangt
Fórmula	Formúla
Fracción	Brot
Infinito	Óendanlega
Lineal	Línuleg
Matriz	Fylki
Número	Númer
Paréntesis	Sviga
Problema	Vandamál
Resta	Frádráttur
Simplificar	Einfalda
Solución	Lausn
Variable	Breyta

Ballet
Ballett

Agraciado	Tignarlegt
Aplauso	Lófaklapp
Artístico	Listrænn
Audiencia	Áhorfendur
Bailarina	Ballerína
Bailarines	Dansarar
Compositor	Tónskáld
Coreografía	Kóreógraf
Ensayo	Æfing
Estilo	Stíl
Expresivo	Svipmikill
Gesto	Látbragð
Habilidad	Hæfni
Intensidad	Styrkleiki
Músculos	Vöðva
Música	Tónlist
Orquesta	Hljómsveit
Ritmo	Taktur
Solo	Sóló
Técnica	Tækni

Barbacoas
Grillveislur

Almuerzo	Hádegisverður
Caliente	Heitt
Cebollas	Lauk
Cena	Kvöldmatur
Cuchillos	Hnífa
Ensaladas	Salöt
Familia	Fjölskylda
Fruta	Ávöxtur
Hambre	Hungur
Juegos	Leikir
Música	Tónlist
Niños	Börn
Parrilla	Grill
Pimienta	Pipar
Pollo	Kjúklingur
Sal	Salt
Salsa	Sósa
Tomates	Tómatar
Verano	Sumar
Verduras	Grænmeti

Barcos
Bátar

Ancla	Akkeri
Balsa	Fleki
Boya	Bau
Canoa	Kanó
Cuerda	Reipi
Ferry	Ferja
Kayak	Kajak
Lago	Stöðuvatn
Mar	Sjó
Marea	Fjöru
Marinero	Sjómaður
Mástil	Mastur
Motor	Vél
Náutico	Sjómanna
Océano	Haf
Olas	Öldur
Río	River
Tripulación	Áhöfn
Velero	Seglbátur
Yate	Snekkju

Belleza
Fegurð

Aceites	Olíur
Aroma	Lykt
Champú	Sjampó
Color	Litur
Cosméticos	Snyrtivörur
Elegancia	Glæsileiki
Elegante	Glæsilegur
Encanto	Heilla
Espejo	Spegill
Estilista	Stílisti
Fotogénico	Ljósmyndin
Fragancia	Ilmur
Gracia	Náð
Maquillaje	Farði
Piel	Húð
Pintalabios	Varalitur
Rizos	Krulla
Rímel	Maskara
Servicios	Þjónusta
Tijeras	Skæri

Biología
Líffræði

Anatomía	Líffærafræði
Bacterias	Bakteríur
Celda	Fruma
Colágeno	Kollagen
Cromosoma	Litning
Embrión	Fræði
Enzima	Ensím
Evolución	Þróun
Fotosíntesis	Ljóstillífun
Hormona	Hormón
Mamífero	Spendýr
Mutación	Stökkbreyting
Natural	Náttúrulegt
Nervio	Taug
Neurona	Taugafruma
Ósmosis	Osmósu
Proteína	Prótín
Reptil	Skriðdýr
Simbiosis	Sambýli
Sinapsis	Synapse

Boxeo
Hnefaleikar

Árbitro	Dómari
Barbilla	Höku
Campana	Bjalla
Centrar	Fókus
Codo	Olnboga
Cuerdas	Reipi
Cuerpo	Líkami
Esquina	Horn
Exhausto	Búinn
Fuerza	Styrkur
Guantes	Hanska
Habilidad	Hæfni
Lesiones	Áverkar
Luchador	Bardagamaður
Oponente	Mótmælandi
Patear	Sparka
Puntos	Stig
Puño	Hnefi
Rápido	Fljótur
Recuperación	Bata

Café
Kaffi

Agua	Vatn
Amargo	Bitur
Aroma	Ilmur
Asado	Brennt
Azúcar	Sykur
Ácido	Súr
Bebida	Drykkur
Cafeína	Koffín
Crema	Rjóma
Filtro	Sía
Leche	Mjólk
Líquido	Fljótandi
Mañana	Morgunn
Moler	Mala
Negro	Svart
Origen	Uppruna
Precio	Verð
Sabor	Bragð
Taza	Bolli
Variedad	Fjölbreytni

Calentamiento Global
Hnattræn Hlýnun

Ahora	Núna
Ambiental	Umhverfis
Atención	Athygli
Ártico	Arktískur
Científico	Vísindamaður
Clima	Veðurfar
Consecuencias	Afleiðingar
Crisis	Kreppa
Datos	Gögn
Desarrollo	Þróun
Energía	Orka
Futuro	Framtíð
Gas	Gas
Generaciones	Kynslóðir
Gobierno	Ríkisstjórn
Industria	Iðnaður
Internacional	Alþjóðleg
Legislación	Löggjöf
Poblaciones	Íbúa
Temperaturas	Hitastig

Camping
Tjaldstæði

Animales	Dýr
Aventura	Ævintýri
Árboles	Tré
Bosque	Skógur
Brújula	Áttavita
Cabina	Klefa
Canoa	Kanó
Caza	Veiða
Cuerda	Reipi
Equipo	Búnaður
Fuego	Eldur
Hamaca	Hengirúm
Insecto	Skordýr
Lago	Stöðuvatn
Linterna	Lukt
Luna	Tungl
Mapa	Kort
Montaña	Fjall
Naturaleza	Náttúran
Sombrero	Hattur

Casa
Húsið

Alfombra	Gólfmotta
Ático	Háaloftinu
Biblioteca	Bókasafn
Chimenea	Arinn
Cocina	Eldhús
Dormitorio	Svefnherbergi
Ducha	Sturtu
Escoba	Kústur
Espejo	Spegill
Garaje	Bílskúr
Grifo	Brann
Jardín	Garður
Lámpara	Lampi
Pared	Vegg
Piso	Hæð
Puerta	Hurð
Sótano	Kjallari
Techo	Þak
Valla	Girðing
Ventana	Gluggi

Chocolate
Súkkulaði

Amargo	Bitur
Antioxidante	Andoxunarefni
Aroma	Ilmur
Artesanal	Handverk
Azúcar	Sykur
Cacahuetes	Hnetum
Cacao	Kakó
Calidad	Gæði
Calorías	Hitaeiningar
Caramelo	Karamella
Coco	Kókoshneta
Comer	Að Borða
Delicioso	Ljúffengur
Dulce	Sætur
Exótico	Framandi
Favorito	Uppáhalds
Gusto	Bragð
Ingrediente	Efni
Polvo	Duft
Receta	Uppskrift

Ciencia Ficción
Vísindaskáldskapur

Atómico	Lotukerfinu
Cine	Kvikmyndahús
Distante	Fjarlæg
Escenario	Atburðarás
Explosión	Sprenging
Extremo	Extreme
Fantástico	Frábær
Fuego	Eldur
Galaxia	Galaxy
Ilusión	Blekking
Imaginario	Ímyndað
Libros	Bækur
Misterioso	Dularfullur
Mundo	Heimur
Oráculo	Véfrétt
Planeta	Reikistjarna
Realista	Raunhæft
Robots	Vélmenni
Tecnología	Tækni
Utopía	Útópía

Ciudad
Bærinn

Aeropuerto	Flugvöllur
Banco	Banki
Biblioteca	Bókasafn
Cine	Kvikmyndahús
Escuela	Skóli
Estadio	Völlinn
Farmacia	Apótek
Florista	Blómabúð
Galería	Gallerí
Hotel	Hótel
Librería	Bókabúð
Mercado	Markaður
Museo	Safn
Panadería	Bakarí
Salón	Snyrtistofa
Supermercado	Matvörubúð
Teatro	Leikhús
Tienda	Verslun
Universidad	Háskóli
Zoo	Dýragarður

Clima
Veður

Atmósfera	Stjórnmál
Brisa	Gola
Cielo	Himinn
Clima	Veðurfar
Hielo	Ís
Huracán	Fellibylur
Inundación	Flóð
Monzón	Monsún
Niebla	Þóka
Nube	Ský
Polar	Polar
Rayo	Elding
Seco	Þurrt
Sequía	Þurrkar
Temperatura	Hitastig
Tormenta	Stormur
Tornado	Tornado
Tropical	Tropical
Trueno	Þrumur
Viento	Vindur

Cocina
Eldhús

Caldera	Ketill
Comer	Að Borða
Comida	Matur
Congelador	Frysti
Cucharas	Skeiðar
Cucharón	Ausa
Cuchillos	Hnífa
Delantal	Svuntu
Especias	Krydd
Esponja	Svampur
Horno	Ofn
Jarra	Könnu
Palillos	Pinnar
Parrilla	Grill
Receta	Uppskrift
Refrigerador	Ísskápur
Servilleta	Servíetta
Tazas	Bolla
Tazón	Skál
Tenedores	Forks

Comida #1
Matur #1

Ajo	Hvítlaukur
Albahaca	Basil
Atún	Túnfiskur
Azúcar	Sykur
Canela	Kanil
Carne	Kjöt
Cebada	Bygg
Cebolla	Laukur
Ensalada	Salat
Espinacas	Spínat
Fresa	Jarðarber
Jugo	Safa
Leche	Mjólk
Limón	Sítrónu
Menta	Myntu
Nabo	Næpa
Pera	Pera
Sal	Salt
Sopa	Súpa
Zanahoria	Gulrót

Comida #2
Matur #2

Alcachofa	Artihoke
Almendra	Mönlu
Apio	Sellerí
Arroz	Hrísgrjón
Berenjena	Eggaldin
Cereza	Kirsuber
Chocolate	Súkkulaði
Girasol	Sólblóm
Huevo	Egg
Jengibre	Engifer
Kiwi	Kíví
Manzana	Epli
Pan	Brauð
Plátano	Banani
Pollo	Kjúklingur
Queso	Ostur
Tomate	Tómat
Trigo	Hveiti
Uva	Vínber
Yogur	Jógúrt

Conduciendo
Akstur

Accidente	Slys
Calle	Gata
Camión	Vörubíll
Coche	Bíll
Combustible	Eldsneyti
Frenos	Bremsur
Garaje	Bílskúr
Gas	Gas
Licencia	Leyfi
Mapa	Kort
Motocicleta	Mótorhjól
Motor	Mótor
Peatonal	Gangandi
Peligro	Hætta
Policía	Lögreglan
Seguridad	Öryggi
Transporte	Samgöngur
Tráfico	Umferð
Túnel	Göng
Velocidad	Hraði

Cuerpo Humano
Mannslíkaminn

Barbilla	Höku
Boca	Munnur
Cabeza	Höfuð
Cara	Andlit
Cerebro	Heili
Codo	Olnboga
Corazón	Hjarta
Cuello	Háls
Dedo	Fingur
Hombro	Öxl
Lengua	Tunga
Mano	Hönd
Nariz	Nef
Ojo	Auga
Oreja	Eyra
Piel	Húð
Pierna	Fótur
Rodilla	Hné
Sangre	Blóð
Tobillo	Ökkla

Deporte
Íþrótt

Atleta	Íþróttamaður
Baile	Dansa
Capacidad	Getu
Cardiovascular	Hjarta
Ciclismo	Hjóla
Cuerpo	Líkami
Deportes	Íþróttir
Dieta	Mataræði
Entrenador	Þjálfari
Estiramiento	Teygja
Fuerza	Styrkur
Huesos	Bein
Maximizar	Hámarka
Metabólico	Efnaskipti
Músculos	Vöðva
Nadar	Að Synda
Nutrición	Næring
Programa	Forrit
Resistencia	Þrek
Salud	Heilsa

Diplomacia
Samningaviðræðum

Asesor	Ráðgjafi
Comunidad	Samfélag
Conflicto	Átök
Cooperación	Samstarf
Diplomático	Diplomatic
Discusión	Umræða
Embajada	Sendiráð
Embajador	Sendiherra
Extranjero	Erlendum
Ética	Siðfræði
Gobierno	Ríkisstjórn
Humanitario	Mannræði
Idiomas	Tungumál
Integridad	Heilindi
Justicia	Réttlæti
Política	Stjórnmál
Resolución	Ályktun
Seguridad	Öryggi
Solución	Lausn
Tratado	Sáttmáli

Disciplinas Científicas
Vísindalegum Greinum

Anatomía	Líffærafræði
Astronomía	Stjörnufræði
Biología	Líffræði
Bioquímica	Lífefnafræði
Botánica	Grasafræði
Ecología	Vistfræði
Fisiología	Lífeðlisfræði
Geología	Jarðfræði
Inmunología	Ónæmisfræði
Lingüística	Málvísindi
Mecánica	Vélfræði
Meteorología	Veðurfræði
Mineralogía	Steindafræði
Neurología	Taugafræði
Nutrición	Næring
Psicología	Sálfræði
Química	Efnafræði
Sociología	Félagsfræði
Termodinámica	Varmafræði
Zoología	Dýrafræði

Días y Meses
Dagar og Mánuðir

Abril	Apríl
Agosto	Ágúst
Año	Ár
Calendario	Dagatal
Domingo	Sunnudagur
Enero	Janúar
Febrero	Febrúar
Jueves	Fimmtudagur
Julio	Júlí
Junio	Júní
Lunes	Mánudagur
Martes	Þriðjudagur
Mes	Mánuður
Miércoles	Miðvikudagur
Noviembre	Nóvember
Octubre	Október
Sábado	Laugardagur
Semana	Vika
Septiembre	September
Viernes	Föstudagur

Edificios
Byggingar

Apartamento	Íbúð
Cabina	Klefa
Casa	Hús
Castillo	Kastali
Cine	Kvikmyndahús
Embajada	Sendiráð
Escuela	Skóli
Estadio	Völlinn
Fábrica	Verksmiðju
Garaje	Bílskúr
Granero	Hlöðu
Granja	Bær
Hospital	Sjúkrahús
Hotel	Hótel
Museo	Safn
Observatorio	Observatory
Supermercado	Matvörubúð
Teatro	Leikhús
Torre	Turn
Universidad	Háskóli

Electricidad
Rafmagn

Almacenamiento	Geymsla
Batería	Rafhlaða
Bombilla	Peru
Cable	Kabel
Cables	Vír
Cantidad	Magn
Electricista	Rafvirki
Eléctrico	Rafmagns
Enchufe	Innstunga
Equipo	Búnaður
Generador	Rafall
Imán	Segull
Lámpara	Lampi
Láser	Leysir
Negativo	Mínus
Objetos	Hluti
Positivo	Jákvætt
Red	Net
Televisión	Sjónvarp
Teléfono	Sími

Emociones
Tilfinningar

Aburrimiento	Leiðindi
Agradecido	Þakklátur
Alegría	Gleði
Alivio	Léttir
Amor	Ást
Avergonzado	Vandræðalegur
Beatitud	Sæla
Bondad	Góðvild
Calma	Logn
Contenido	Efni
Emocionado	Spennt
Ira	Reiði
Miedo	Ótti
Paz	Friður
Relajado	Afslappaður
Satisfecho	Fullnægt
Simpatía	Samúð
Ternura	Eymsli
Tranquilidad	Ró
Tristeza	Sorg

Energía
Orka

Batería	Rafhlaða
Calor	Hita
Carbono	Kolefni
Combustible	Eldsneyti
Contaminación	Mengun
Diesel	Dísel
Electrón	Rafeind
Eléctrico	Rafmagns
Entropía	Óreiða
Fotón	Ljóseind
Gasolina	Bensín
Hidrógeno	Vetni
Industria	Iðnaður
Motor	Mótor
Nuclear	Kjarnorku
Renovable	Endurnýjanleg
Sol	Sól
Turbina	Túrbína
Vapor	Gufu
Viento	Vindur

Enfermedad
Sjúkdómurinn

Abdominal	Kvið
Agudo	Bráð
Alergias	Ofnæmi
Bienestar	Vellíðan
Contagioso	Smitandi
Corazón	Hjarta
Crónica	Langvarandi
Cuerpo	Líkami
Débil	Veik
Hereditario	Arfgengur
Huesos	Bein
Inflamación	Bólga
Inmunidad	Ónæmi
Lumbar	Lumbar
Neuropatía	Taugakvilla
Pulmonar	Lungum
Respiratorio	Öndunarfæri
Salud	Heilsa
Síndrome	Heilkenni
Terapia	Meðferð

Especias
Krydd

Agrio	Súr
Ajo	Hvítlaukur
Amargo	Bitur
Anís	Anís
Azafrán	Saffran
Canela	Kanil
Cebolla	Laukur
Clavo	Negull
Comino	Kúmen
Curry	Karrý
Dulce	Sætur
Hinojo	Fennel
Jengibre	Engifer
Nuez Moscada	Múskat
Pimentón	Paprika
Pimienta	Pipar
Regaliz	Lakkrís
Sabor	Bragð
Sal	Salt
Vainilla	Vanillu

Familia
Fjölskylda

Abuela	Amma
Abuelo	Afi
Antepasado	Forfaðir
Esposa	Eiginkona
Gemelos	Tvíburar
Hermana	Systir
Hermano	Bróðir
Hija	Dóttir
Infancia	Barnæska
Madre	Móðir
Marido	Eiginmaður
Materno	Móður
Nieto	Barnabarn
Niño	Barn
Niños	Börn
Padre	Faðir
Paterno	Ingar
Sobrino	Frændi
Tía	Frænka
Tío	Frændi

Física
Eðlisfræði

Aceleración	Hröðun
Átomo	Atóm
Caos	Roða
Densidad	Þéttleiki
Electrón	Rafeind
Fórmula	Formúla
Frecuencia	Tíðni
Gas	Gas
Gravedad	Þyngdarafl
Magnetismo	Segulmagn
Masa	Messi
Mecánica	Vélfræði
Molécula	Sameind
Motor	Vél
Nuclear	Kjarnorku
Partícula	Ögn
Químico	Efni
Relatividad	Afstæði
Universal	Alhliða
Velocidad	Hraða

Flores
Blóm

Amapola	Poppy
Caléndula	Calendula
Diente de León	Fífill
Gardenia	Toga
Girasol	Sólblóm
Hibisco	Hibiscus
Jazmín	Jasmine
Lavanda	Lofnarblóm
Lila	Líla
Lirio	Lily
Magnolia	Magnolia
Margarita	Daisy
Orquídea	Orchid
Pasionaria	Ástríðublóm
Peonía	Peony
Pétalo	Krónublað
Ramo	Vönd
Rosa	Rós
Trébol	Smári
Tulipán	Túlipan

Formas
Form

Arco	Arc
Bordes	Brúnir
Cilindro	Strokka
Círculo	Hring
Cono	Keila
Cuadrado	Ferningur
Cubo	Teningur
Curva	Ferill
Elipse	Sporbaug
Esfera	Kúla
Esquina	Horn
Hipérbola	Hyperbola
Lado	Hlið
Línea	Lína
Oval	Sporöskjulaga
Pirámide	Pýramída
Polígono	Marghyrning
Prisma	Prism
Rectángulo	Rétthyrningur
Triángulo	Þríhyrningur

Fruta
Ávextir

Aguacate	Avókadó
Albaricoque	Apríkósa
Baya	Ber
Cereza	Kirsuber
Coco	Kókoshneta
Frambuesa	Hindberjum
Guayaba	Guava
Kiwi	Kíví
Limón	Sítrónu
Mango	Mangó
Manzana	Epli
Melocotón	Ferskja
Melón	Melóna
Naranja	Appelsína
Nectarina	Nectarine
Papaya	Papaya
Pera	Pera
Piña	Ananas
Plátano	Banani
Uva	Vínber

Fuerza y Gravedad
Kraftur og Þyngdarafl

Centro	Miðja
Descubrimiento	Uppgötvun
Dinámico	Kvik
Distancia	Fjarlægð
Eje	Ás
Expansión	Stækkun
Física	Eðlisfræði
Fricción	Núning
Impacto	Áhrif
Magnetismo	Segulmagn
Magnitud	Stærð
Mecánica	Vélfræði
Movimiento	Hreyfing
Órbita	Sporbraut
Peso	Þyngd
Presión	Þrýstingur
Propiedades	Eignir
Tiempo	Tími
Universal	Alhliða
Velocidad	Hraði

Geografía
Landafræði

Altitud	Hæð
Atlas	Atlas
Ciudad	Borg
Continente	Álfunni
Hemisferio	Jarðar
Isla	Eyja
Latitud	Breidd
Longitud	Lengdargráðu
Mapa	Kort
Mar	Sjó
Meridiano	Meridian
Montaña	Fjall
Mundo	Heimur
Norte	Norður
Oeste	Vestur
País	Land
Región	Svæði
Río	River
Sur	Suður
Territorio	Yfirráðasvæði

Geología
Jarðfræði

Ácido	Sýra
Calcio	Kalsíum
Capa	Lag
Caverna	Helli
Continente	Álfunni
Coral	Kórall
Cristales	Kristallar
Cuarzo	Kvars
Erosión	Rof
Estalactita	Stalactite
Estalagmitas	Stalagmites
Géiser	Goshver
Lava	Hraun
Meseta	Hálendi
Minerales	Steinefni
Piedra	Steinn
Sal	Salt
Terremoto	Jarðskjálfti
Volcán	Eldfjall
Zona	Svæði

Geometría
Rúmfræði

Altura	Hæð
Ángulo	Horn
Cálculo	Útreikning
Curva	Ferill
Diámetro	Þvermál
Dimensión	Vídd
Ecuación	Jafna
Horizontal	Lárétt
Lógica	Rökfræði
Masa	Messi
Mediana	Miðgildi
Número	Númer
Paralelo	Samhliða
Proporción	Hlutfall
Segmento	Hluti
Simetría	Samhverfu
Superficie	Yfirborð
Teoría	Kenning
Triángulo	Þríhyrningur
Vertical	Lóðrétt

Gobierno
Ríkisstjórn

Civil	Borgaraleg
Constitución	Stjórnarskrá
Democracia	Lýðræði
Derechos	Réttindi
Discurso	Ræðu
Discusión	Umræða
Distrito	Umdæmi
Estado	Ríki
Igualdad	Jafnrétti
Independencia	Sjálfstæði
Judicial	Dóms
Justicia	Réttlæti
Ley	Lög
Libertad	Frelsi
Líder	Leiðtogi
Monumento	Minnismerki
Nacional	Þjóðlegur
Nación	Þjóð
Política	Stjórnmál
Símbolo	Tákn

Granja #1
Bær #1

Abeja	Bí
Agricultura	Landbúnaður
Agua	Vatn
Arroz	Hrísgrjón
Burro	Asni
Caballo	Hestur
Cabra	Geit
Campo	Engi
Cuervo	Kráka
Fertilizante	Áburður
Gato	Köttur
Heno	Hey
Miel	Hunang
Perro	Hundur
Pollo	Kjúklingur
Semillas	Fræ
Ternero	Kálfur
Tierra	Land
Vaca	Kýr
Valla	Girðing

Granja #2
Bær #2

Agricultor	Bóndi
Animales	Dýr
Cebada	Bygg
Colmena	Býflugnabú
Comida	Matur
Cordero	Lamb
Fruta	Ávöxtur
Granero	Hlöðu
Huerto	Aldingarður
Leche	Mjólk
Llama	Lamadýr
Maíz	Korn
Oveja	Kind
Pastor	Hirðir
Pato	Önd
Prado	Engi
Riego	Áveitu
Tractor	Dráttarvél
Trigo	Hveiti
Vegetal	Grænmeti

Herboristería
Grasalækningar

Ajo	Hvítlaukur
Albahaca	Basil
Aromático	Ilmandi
Azafrán	Saffran
Calidad	Gæði
Culinario	Matreiðslu
Eneldo	Dill
Estragón	Estragon
Flor	Blóm
Hinojo	Fennel
Ingrediente	Efni
Jardín	Garður
Lavanda	Lofnarblóm
Mejorana	Marjoram
Menta	Myntu
Perejil	Steinselja
Planta	Planta
Romero	Rósmarín
Sabor	Bragð
Verde	Grænt

Ingeniería
Verkfræði

Ángulo	Horn
Cálculo	Útreikning
Construcción	Smíði
Diagrama	Skýringarmynd
Diámetro	Þvermál
Diesel	Dísel
Distribución	Dreifing
Eje	Ás
Energía	Orka
Estabilidad	Stöðugleiki
Estructura	Bygging
Fricción	Núning
Fuerza	Styrkur
Líquido	Fljótandi
Máquina	Vél
Medición	Mæling
Motor	Mótor
Palancas	Stangir
Profundidad	Dýpt
Propulsión	Knýja

Insectos
Skordýr

Abeja	Bí
Avispa	Geitungur
Avispón	Hornet
Áfido	Plöntulús
Cigarra	Cicada
Cucaracha	Kakkalakki
Escarabajo	Bjalla
Gusano	Ormur
Hormiga	Maur
Langosta	Engisprettur
Larva	Lirva
Libélula	Dragonfly
Mantis	Mantis
Mariposa	Fiðrildi
Mariquita	Frípur
Mosquito	Fluga
Polilla	Möl
Pulga	Fló
Saltamontes	Graskúla
Termita	Termite

Instrumentos Musicales
Hljóðfæri

Armónica	Munnhörpu
Arpa	Harpa
Banjo	Banjó
Clarinete	Klarinett
Fagot	Fagott
Flauta	Flautu
Gong	Gong
Guitarra	Gítar
Mandolina	Mandólín
Marimba	Marimba
Oboe	Óbó
Pandereta	Bumbur
Percusión	Slagverk
Piano	Píanó
Saxofón	Saxófón
Tambor	Tromma
Trombón	Básúna
Trompeta	Trompet
Violín	Fiðlu
Violonchelo	Selló

Jardinería
Garðyrkja

Agua	Vatn
Botánico	Botanical
Clima	Veðurfar
Comestible	Ætur
Compost	Molta
Contenedor	Ílát
Especie	Tegund
Estacional	Opin
Exótico	Framandi
Flor	Blómstra
Floral	Blóma
Follaje	Sm
Hoja	Lauf
Huerto	Aldingarður
Humedad	Raki
Manguera	Slönguna
Ramo	Vönd
Semillas	Fræ
Suciedad	Óhreinindi
Suelo	Jarðvegur

Jardín
Garðinum

Arbusto	Bush
Árbol	Tré
Banco	Bekkur
Césped	Grasflöt
Estanque	Tjörn
Flor	Blóm
Garaje	Bílskúr
Hamaca	Hengirúm
Hierba	Gras
Huerto	Aldingarður
Jardín	Garður
Malezas	Illgresi
Manguera	Slönguna
Pala	Moka
Rastrillo	Hrífa
Rocas	Steinar
Suelo	Jarðvegur
Terraza	Verönd
Trampolín	Trampólín
Valla	Girðing

Jazz
Djass

Artista	Listamaður
Álbum	Plötu
Canción	Lag
Composición	Samsetning
Compositor	Tónskáld
Concierto	Tónleikar
Estilo	Stíl
Énfasis	Áhersla
Famoso	Frægur
Favoritos	Eftirlæti
Género	Tegund
Improvisación	Spuni
Música	Tónlist
Nuevo	Nýtt
Orquesta	Hljómsveit
Ritmo	Taktur
Talento	Hæfileiki
Tambores	Trommur
Técnica	Tækni
Viejo	Gamall

La Empresa
Fyrirtækið

Calidad	Gæði
Creativo	Skapandi
Decisión	Ákvörðun
Empleo	Atvinna
Global	Alþjóðlegt
Industria	Iðnaður
Ingresos	Tekjur
Innovador	Nýjar
Inversión	Fjárfesting
Negocio	Viðskipti
Posibilidad	Möguleika
Presentación	Kynning
Producto	Vöru
Profesional	Faglegur
Progreso	Framfarir
Recursos	Auðlindir
Reputación	Orðspor
Riesgos	Áhætta
Tendencias	Þróun
Unidades	Einingar

Libros
Bækur

Autor	Höfundur
Aventura	Ævintýri
Colección	Safn
Contexto	Samhengi
Dualidad	Tvíeðli
Escrito	Skrifað
Historia	Saga
Histórico	Sögulegt
Humorístico	Gamansamur
Inventivo	Frumleg
Lector	Lesandi
Literario	Bókmennta
Narrador	Sögumaður
Novela	Skáldsaga
Palabras	Orð
Página	Síða
Pertinente	Viðeigandi
Poema	Ljóð
Serie	Röð
Trágico	Hörmulega

Literatura
Bókmenntir

Analogía	Líkingar
Análisis	Greining
Anécdota	E.
Autor	Höfundur
Biografía	Ævisaga
Comparación	Samanburður
Conclusión	Niðurstaða
Descripción	Lýsing
Diálogo	Umræðu
Estilo	Stíl
Ficción	Skáldskapur
Metáfora	Myndlíking
Narrador	Sögumaður
Novela	Skáldsaga
Poema	Ljóð
Poético	Ljóðræn
Rima	Rím
Ritmo	Taktur
Tema	Þema
Tragedia	Harmleikur

Los Medios de Comunicación
Fjölmiðlarnir

Actitudes	Viðhorf
Comercial	Auglýsing
Comunicación	Samskipti
Digital	Stafræn
Edición	Útgáfa
Educación	Menntun
En Línea	Á Netinu
Financiación	Fjármögnun
Fotos	Myndir
Hechos	Staðreyndir
Industria	Iðnaður
Intelectual	Vitsmunalegum
Local	Staðbær
Opinión	Álit
Periódicos	Dagblöð
Público	Opinber
Radio	Útvarp
Red	Net
Revistas	Tímarit
Televisión	Sjónvarp

Mamíferos
Spendýr

Ballena	Hvalur
Burro	Asni
Caballo	Hestur
Camello	Úlfalda
Canguro	Kengúra
Cebra	Zebra
Conejo	Kanína
Coyote	Sléttuúlfur
Delfín	Höfrungur
Elefante	Fíl
Gato	Köttur
Gorila	Górilla
Jirafa	Gíraffi
Lobo	Úlfur
Mono	Api
Oso	Björn
Oveja	Kind
Perro	Hundur
Toro	Naut
Zorro	Refur

Matemáticas
Stærðfræði

Aritmética	Tölur
Ángulos	Horn
Circunferencia	Ummál
Cuadrado	Ferningur
Decimal	Aukastaf
Diámetro	Þvermál
Ecuación	Jafna
Esfera	Kúla
Exponente	Veldisvísir
Fracción	Brot
Geometría	Rúmfræði
Paralelo	Samhliða
Paralelogramo	Hjálíðalogram
Perímetro	Jaðar
Polígono	Marghyrning
Radio	Radíus
Rectángulo	Rétthyrningur
Simetría	Samhverfu
Triángulo	Þríhyrningur
Volumen	Bindi

Mediciones
Mælingar

Altura	Hæð
Ancho	Breidd
Byte	Bæti
Centímetro	Sentimetr
Decimal	Aukastaf
Grado	Gráða
Gramo	Gramm
Kilogramo	Kíló
Kilómetro	Kílómetra
Litro	Lítri
Longitud	Lengd
Masa	Messi
Metro	Mælir
Minuto	Mínúta
Onza	Únsa
Peso	Þyngd
Profundidad	Dýpt
Pulgada	Tommu
Tonelada	Tonn
Volumen	Bindi

Meditación
Hugleiðsla

Aceptación	Samþykki
Atención	Athygli
Bondad	Góðvild
Calma	Logn
Claridad	Skýrleiki
Compasión	Samúð
Emociones	Tilfinningar
Felicidad	Hamingja
Gratitud	Þakklæti
Mental	Andlegt
Mente	Huga
Movimiento	Samtök
Música	Tónlist
Naturaleza	Náttúran
Observación	Athugun
Paz	Friður
Pensamientos	Hugsanir
Perspectiva	Sjónarhorni
Respiración	Öndun
Silencio	Þögn

Mitología
Goðafræði

Arquetipo	Arketype
Celos	Öfund
Cielo	Himnaríki
Comportamiento	Hegðun
Creación	Sköpun
Creencias	Viðhorf
Criatura	Skepna
Cultura	Menning
Desastre	Hörmung
Fuerza	Styrkur
Guerrero	Stríðsmaður
Héroe	Hetja
Inmortalidad	Ódauðleika
Laberinto	Völundarhús
Leyenda	Þjóðsaga
Monstruo	Skrímsli
Mortal	Dauðleg
Rayo	Elding
Trueno	Þrumur
Venganza	Hefnd

Moda
Tíska

Asequible	Hagkvæm
Bordado	Útsaumur
Botones	Hnappa
Boutique	Boutique
Caro	Dýr
Elegante	Glæsilegur
Encaje	Reima
Estilo	Stíl
Mediciones	Mælingar
Minimalista	Lægstur
Moderno	Nútíma
Modesto	Hógvær
Original	Originlegt
Patrón	Mynstur
Práctico	Hagnýt
Ropa	Fatnað
Sencillo	Einfalt
Tejido	Efni
Tendencia	Stefna
Textura	Áferð

Naturaleza
Náttúran

Abejas	Býflugur
Animales	Dýr
Ártico	Arktískur
Belleza	Fegurð
Bosque	Skógur
Desierto	Eyðimörk
Dinámico	Kvik
Erosión	Rof
Follaje	Sm
Glaciar	Jökull
Niebla	Þoka
Nubes	Ský
Pacífico	Friðsælt
Refugio	Skjól
Río	River
Salvaje	Villt
Santuario	Helgidómur
Sereno	Serene
Tropical	Tropical
Vital	Líflegt

Negocio
Viðskipti

Carrera	Feril
Costo	Kostnaður
Descuento	Afsláttur
Dinero	Peningar
Economía	Hagfræði
Empleado	Starfsmaður
Empleador	Vinnuveitandi
Empresa	Fyrirtæki
Fábrica	Verksmiðju
Finanzas	Fjármál
Impuestos	Skattar
Inversión	Fjárfesting
Mercancía	Varningi
Moneda	Mynt
Oficina	Skrifstofa
Personal	Starfsfólk
Tienda	Búð
Trabajo	Starf
Transacción	Viðskipti
Venta	Sölu

Nutrición
Næringu

Amargo	Bitur
Apetito	Matarlyst
Calidad	Gæði
Calorías	Hitaeiningar
Carbohidratos	Kolvetni
Cereales	Korn
Comestible	Ætur
Dieta	Mataræði
Digestión	Melting
Equilibrado	Rólegur
Fermentación	Gerjun
Nutriente	Næringarefni
Peso	Þyngd
Proteínas	Prótein
Sabor	Bragð
Salsa	Sósa
Salud	Heilsa
Saludable	Heilbrigður
Toxina	Eiturefni
Vitamina	Vítamín

Números
Tölur

Catorce	Fjórtán
Cero	Núll
Cinco	Fimm
Cuatro	Fjórir
Decimal	Aukastaf
Diecinueve	Nítján
Dieciocho	Átján
Dieciséis	Sextán
Diecisiete	Sautján
Diez	Tíu
Doce	Tólf
Dos	Tveir
Nueve	Níu
Ocho	Átta
Quince	Fimmtán
Seis	Sex
Siete	Sjö
Trece	Þrettán
Tres	Þrír
Veinte	Tuttugu

Océano
Haf

Alga	Þörunga
Anguila	Áll
Arrecife	Rif
Atún	Túnfiskur
Ballena	Hvalur
Barco	Bátur
Camarón	Rækja
Cangrejo	Krabbi
Coral	Kórall
Delfín	Höfrungur
Esponja	Svampur
Mareas	Sjávarföll
Medusa	Marglytta
Ostra	Ostra
Pescado	Fiskur
Pulpo	Kolkrabbi
Sal	Salt
Tiburón	Hákarl
Tormenta	Stormur
Tortuga	Skjaldbaka

Paisajes
Landslag

Cascada	Foss
Cueva	Helli
Desierto	Eyðimörk
Estuario	Árós
Géiser	Goshver
Glaciar	Jökull
Iceberg	Ísberg
Isla	Eyja
Lago	Stöðuvatn
Laguna	Lón
Mar	Sjó
Montaña	Fjall
Oasis	Vin
Pantano	Mýri
Península	Skagi
Playa	Fjara
Río	River
Tundra	Tundra
Valle	Dalur
Volcán	Eldfjall

Países #1
Löndum #1

Alemania	Þýskaland
Argentina	Argentína
Bélgica	Belgía
Brasil	Brasilía
Canadá	Kanada
Ecuador	Ekvador
Egipto	Egyptaland
España	Spánn
Finlandia	Finnland
Honduras	Hondúras
India	Indland
Italia	Ítalía
Libia	Líbýa
Malí	Malí
Marruecos	Marokkó
Nicaragua	Níkaragva
Noruega	Noregur
Panamá	Panama
Polonia	Pólland
Venezuela	Venesúela

Países #2
Löndum #2

Albania	Albanía
Australia	Ástralía
Austria	Austurríki
Dinamarca	Danmörk
Etiopía	Eþíópía
Francia	Frakkland
Grecia	Grikkland
Indonesia	Indónesía
Irlanda	Írland
Jamaica	Jamaíka
Japón	Japan
Laos	Laos
México	Mexíkó
Pakistán	Pakistan
Portugal	Portúgal
Rusia	Rússland
Siria	Sýrland
Sudán	Súdan
Ucrania	Úkraína
Uganda	Úganda

Pájaros
Fuglar

Avestruz	Strútur
Águila	Örn
Cigüeña	Storkur
Cisne	Svanur
Cuco	Gaukur
Cuervo	Kráka
Flamenco	Flamingo
Ganso	Gæs
Garza	Heron
Gaviota	Máfur
Gorrión	Sparrow
Halcón	Haukur
Huevo	Egg
Loro	Páfagaukur
Paloma	Dúfa
Pato	Önd
Pelícano	Pelican
Pingüino	Mörgæs
Pollo	Kjúklingur
Tucán	Toucan

Plantas
Plöntur

Arbusto	Bush
Árbol	Tré
Bambú	Bambus
Baya	Ber
Bosque	Skógur
Botánica	Grasafræði
Cactus	Kaktus
Fertilizante	Áburður
Flor	Blóm
Flora	Flora
Follaje	Sm
Frijol	Baun
Hiedra	Ivy
Hierba	Gras
Hoja	Lauf
Jardín	Garður
Musgo	Moss
Pétalo	Krónublað
Raíz	Rót
Vegetación	Gróður

Profesiones #1
Störfum #1

Abogado	Lögmaður
Artista	Listamaður
Atleta	Íþróttamaður
Bailarín	Dansari
Banquero	Bankastjóri
Cazador	Veiðimaður
Científico	Vísindamaður
Contable	Endurskoðandi
Doctor	Læknir
Editor	Ritstjóri
Embajador	Sendiherra
Entrenador	Þjálfari
Geólogo	Jarðfræðingur
Joyero	Skartgripir
Marinero	Sjómaður
Mecánico	Vélvirki
Pianista	Píanóleikari
Psicólogo	Sálfræðingur
Sastre	Klæðskeri
Veterinario	Dýralæknir

Psicología
Sálfræði

Clínico	Klínísk
Cognición	Vitsmuni
Comportamiento	Hegðun
Conflicto	Átök
Ego	Egó
Emociones	Tilfinningar
Evaluación	Mat
Experiencias	Reynslu
Ideas	Hugmyndir
Infancia	Barnæska
Influencias	Áhrif
Pensamientos	Hugsanir
Percepción	Skynjun
Personalidad	Persónuleiki
Problema	Vandamál
Realidad	Veruleiki
Recuerdos	Minningar
Sensación	Æsifregn
Sueños	Draumar
Terapia	Meðferð

Química
Efnafræði

Alcalino	Súr
Ácido	Sýra
Calor	Hita
Carbono	Kolefni
Catalizador	Hvati
Cloro	Klór
Electrón	Rafeind
Enzima	Ensím
Gas	Gas
Hidrógeno	Vetni
Ion	Jón
Líquido	Fljótandi
Metales	Málma
Molécula	Sameind
Nuclear	Kjarnorku
Oxígeno	Súrefni
Peso	Þyngd
Reacción	Viðbrögð
Sal	Salt
Temperatura	Hitastig

Restaurante #2
Veitingastaður #2

Agua	Vatn
Almuerzo	Hádegisverður
Aperitivo	Forréttur
Bebida	Drykkur
Camarero	Þjónn
Cena	Kvöldmatur
Cuchara	Skeið
Delicioso	Ljúffengur
Ensalada	Salat
Especias	Krydd
Fruta	Ávöxtur
Hielo	Ís
Huevos	Egg
Pastel	Kaka
Pescado	Fiskur
Sal	Salt
Silla	Stól
Sopa	Súpa
Tenedor	Gaffal
Verduras	Grænmeti

Ropa
Fötin

Abrigo	Kápu
Blusa	Blússa
Bufanda	Trefil
Camisa	Skyrta
Chaqueta	Jakki
Cinturón	Belti
Collar	Hálsmen
Delantal	Svuntu
Falda	Pils
Guantes	Hanska
Joyas	Skartgripir
Moda	Tíska
Pantalones	Buxur
Pijama	Náttföt
Pulsera	Armband
Sandalias	Skó
Sombrero	Hattur
Suéter	Peysa
Vestido	Kjóll
Zapato	Skór

Salud y Bienestar #1
Heilsufar og Vellíðan #1

Activo	Virkur
Altura	Hæð
Bacterias	Bakteríur
Doctor	Læknir
Farmacia	Apótek
Fractura	Beinbrot
Hambre	Hungur
Hábito	Venja
Hormonas	Hormón
Huesos	Bein
Lesión	Meiðslum
Medicina	Lyf
Músculos	Vöðva
Nervios	Taugar
Piel	Húð
Reflejo	Viðbragð
Relajación	Slökun
Suplementos	Fæðubótarefni
Tratamiento	Meðferð
Virus	Veira

Salud y Bienestar #2
Heilsufar og Vellíðan #2

Alergia	Ofnæmi
Anatomía	Líffærafræði
Apetito	Matarlyst
Caloría	Kaloría
Dieta	Mataræði
Digestión	Melting
Energía	Orka
Enfermedad	Sjúkdómur
Estrés	Streitu
Genética	Erfðafræði
Higiene	Hreinlæti
Hospital	Sjúkrahús
Infección	Smitun
Masaje	Nudd
Nutrición	Næring
Peso	Þyngd
Recuperación	Bata
Saludable	Heilbrigður
Sangre	Blóð
Vitamina	Vítamín

Selva Tropical
Regnskógur

Anfibios	Froskdýr
Botánico	Botanical
Clima	Veðurfar
Comunidad	Samfélag
Diversidad	Fjölbreytni
Especie	Tegund
Indígena	Frumbyggja
Insectos	Skordýr
Mamíferos	Spendýr
Musgo	Moss
Naturaleza	Náttúran
Nubes	Ský
Pájaros	Fuglar
Preservación	Varðveislu
Refugio	Athvarf
Respeto	Virðing
Restauración	Endurreisn
Selva	Frumskógur
Supervivencia	Lifun
Valioso	Dýrmætur

Senderismo
Gönguferðir

Acantilado	Bjarg
Agua	Vatn
Animales	Dýr
Botas	Stígvél
Camping	Útjæða
Cansado	Þreyttur
Clima	Veðurfar
Cumbre	Fundinum
Guías	Leiðsögumenn
Mapa	Kort
Montaña	Fjall
Mosquitos	Moskítóflugur
Naturaleza	Náttúran
Orientación	Stefnumörkun
Parques	Garður
Pesado	Þungt
Piedras	Steinar
Preparación	Undirbúningur
Salvaje	Villt
Sol	Sól

Suministros de Arte
List Vistir

Aceite	Olía
Acrílico	Akrýl
Acuarelas	Vatnslitir
Agua	Vatn
Arcilla	Leir
Borrador	Strokleður
Caballete	Glæsla
Cámara	Myndavél
Cepillos	Burstar
Colores	Liti
Creatividad	Sköpun
Ideas	Hugmyndir
Lápices	Blýantar
Mesa	Borð
Papel	Pappír
Pasteles	Pastellitir
Pegamento	Lím
Pinturas	Málningu
Silla	Stól
Tinta	Blek

Tiempo
Tíminn

Ahora	Núna
Antes	Áður
Anual	Árlega
Año	Ár
Ayer	Í Gær
Calendario	Dagatal
Década	Áratugur
Día	Dagur
Futuro	Framtíð
Hora	Klukkustund
Hoy	Í Dag
Mañana	Morgunn
Mediodía	Hádegi
Mes	Mánuður
Minuto	Mínúta
Momento	Augnablik
Noche	Nótt
Reloj	Klukka
Semana	Vika
Siglo	Öld

Tipos de Cabello
Hárið Tegundir

Blanco	Hvítur
Brillante	Glansandi
Cabelludo	Hársvörð
Calvo	Sköllóttur
Corto	Stutt
Delgada	Þunnur
Gris	Grár
Grueso	Þykkur
Largo	Langt
Marrón	Brúnt
Negro	Svart
Plata	Silfur
Rizado	Hrokkið
Rizos	Krulla
Rubio	Ljóshærður
Saludable	Heilbrigður
Seco	Þurr
Suave	Mjúkur
Trenzado	Fléttum
Trenzas	Fléttur

Universo
Alheimurinn

Asteroide	Smástirni
Astronomía	Stjörnufræði
Atmósfera	Stjórnmál
Celestial	Himneti
Cielo	Himinn
Cósmico	Cosmic
Ecuador	Miðbaugur
Eón	Eon
Galaxia	Galaxy
Hemisferio	Jarðar
Latitud	Breidd
Longitud	Lengdargráðu
Luna	Tungl
Oscuridad	Myrkur
Órbita	Sporbraut
Solar	Sól
Solsticio	Sólstöður
Telescopio	Sjónauki
Visible	Sýnlegt
Zodíaco	Dýrir

Vehículos
Ökutæki

Ambulancia	Sjúkrabíll
Autobús	Rútu
Avión	Flugvél
Balsa	Fleki
Barco	Bátur
Bicicleta	Reiðhjól
Camión	Vörubíll
Caravana	Hjólhýsi
Coche	Bíll
Cohete	Eldflaug
Ferry	Ferja
Furgoneta	Van
Helicóptero	Þyrla
Lanzadera	Skutla
Motor	Mótor
Neumáticos	Dekk
Submarino	Kafbátur
Taxi	Taxi
Tractor	Dráttarvél
Tren	Lest

Verduras
Grænmeti

Ajo	Hvítlaukur
Alcachofa	Artihoke
Apio	Sellerí
Berenjena	Eggaldin
Brócoli	Spergilkál
Calabaza	Grasker
Cebolla	Laukur
Ensalada	Salat
Espinacas	Spínat
Guisante	Pea
Jengibre	Engifer
Nabo	Næpa
Oliva	Ólíf
Patata	Kartöflu
Pepino	Gúrku
Perejil	Steinselja
Rábano	Ræðja
Seta	Sveppir
Tomate	Tómat
Zanahoria	Gulrót

Enhorabuena

Lo has conseguido!

Esperamos que hayas disfrutado de este libro tanto como nosotros al diseñarlo. Nos esforzamos por crear libros de la máxima calidad posible.
Esta edición está diseñada para proporcionar un aprendizaje inteligente, de calidad y divertido!

¿Te ha gustado este libro?

Una Petición Sencilla

Estos libros existen gracias a las reseñas que se publican.
¿Podrías ayudarnos dejando una reseña ahora?
Aquí tienes un breve enlace a la página de reseñas

BestBooksActivity.com/Opiniones50

¡DESAFÍO FINAL!

Reto n°1

¿Estás listo para tu juego gratis? Los utilizamos siempre, pero no son tan fáciles de encontrar. ¡Aquí están los Sinónimos!
Escribe 5 palabras que hayas encontrado en los rompecabezas (#21, #36, #76) y trata de encontrar 2 sinónimos para cada palabra.

Escriba 5 palabras del ***Puzzle 21***

Palabras	Sinónimo 1	Sinónimo 2

Escriba 5 palabras del ***Puzzle 36***

Palabras	Sinónimo 1	Sinónimo 2

Escriba 5 palabras del ***Puzzle 76***

Palabras	Sinónimo 1	Sinónimo 2

Reto n°2

Ahora que te has calentado, escribe 5 palabras que hayas encontrado en los Puzzles 9, 17 y 25 e intenta encontrar 2 antónimos para cada palabra. ¿Cuántos puedes encontrar en 20 minutos?

*Escriba 5 palabras del **Puzzle 9***

Palabras	Antónimo 1	Antónimo 2

*Escriba 5 palabras del **Puzzle 17***

Palabras	Antónimo 1	Antónimo 2

*Escriba 5 palabras del **Puzzle 25***

Palabras	Antónimo 1	Antónimo 2

Reto n°3

¡Genial! Este desafío final  no es nada para ti.

¿Preparado para el reto final? Elige 10 palabras que hayas descubierto en los diferentes rompecabezas y escríbelas a continuación.

1.	6.
2.	7.
3.	8.
4.	9.
5.	10.

Ahora escribe un texto pensando en una persona, un animal o un lugar que te guste.

Puedes usar la última página de este libro como borrador.

Tu Composición:

CUADERNO DE NOTAS :

HASTA PRONTO !

Todo el Equipo

www.ingramcontent.com/pod-product-compliance
Lightning Source LLC
Chambersburg PA
CBHW082216120626
46553CB00010B/3163
* 9 7 9 8 8 9 6 7 0 1 9 7 2 *